高等职业学校旅游管理专业教材

导游礼仪

DAOYOU LIYI

宋　梅　白丽香　主编

中国轻工业出版社

图书在版编目（CIP）数据

导游礼仪 / 宋梅，白丽香主编. —北京：中国轻工业出版社，2022.9
高等职业学校旅游管理专业教材
ISBN 978-7-5184-3722-1

Ⅰ. ①导… Ⅱ. ①宋… ②白… Ⅲ. ①旅游业—礼仪—高等职业教育—教材 Ⅳ. ①F590.63

中国版本图书馆CIP数据核字（2021）第220686号

责任编辑：贺晓琴　　责任终审：李建华　　整体设计：锋尚设计
策划编辑：史祖福　　责任校对：吴大朋　　责任监印：张　可

出版发行：中国轻工业出版社（北京东长安街6号，邮编：100740）
印　　刷：艺堂印刷（天津）有限公司
经　　销：各地新华书店
版　　次：2022年9月第1版第1次印刷
开　　本：787×1092　1/16　印张：13.25
字　　数：348千字
书　　号：ISBN 978-7-5184-3722-1　定价：56.00元
邮购电话：010-65241695
发行电话：010-85119835　传真：85113293
网　　址：http://www.chlip.com.cn
Email：club@chlip.com.cn
如发现图书残缺请与我社邮购联系调换
KG1415-201482

本书编写人员

主　编：宋　梅　白丽香

副主编：张国庆　张　璐　陶　楠

参　编：王秀荣　张　健　薛　博　胡　铁

高　媛　赵本谦　张涵硕

前言

中国有“礼仪之邦”的美誉，“不学礼，无以立。”“国有四维，礼义廉耻。四维不张，国乃灭亡。”是古人对于学习“礼”的重要性的阐述。礼仪是人们在社会交往活动中，为了表达相互尊重，约定俗成、共同认可的行为规范。礼仪的出现有助于人们规范道德边界、协调人际关系，有助于社会的和谐统一。

随着中国旅游业的发展和构建社会主义和谐社会战略任务的提出，创建文明旅游环境成为全社会共同的责任。中国旅游“515战略”中明确提出“旅游要发展，文明旅游要先行！”2015年，国家旅游局发布了中华人民共和国旅游行业标准《导游领队引导文明旅游规范》（LB/T 039—2015），明确导游领队一岗双责，即兼具为旅游者提供服务与引导旅游者文明旅游两项职责。作为新时代的旅游人，应掌握基本的礼仪常识，礼貌待人、遵守规则、规范游客行为举止、传递文明友善，才能真正做到“讲好中国故事，传播中国声音”。

本教材以培养旅游管理、导游专业学生职业礼仪素养为核心，从工作实际出发，涵盖了行业岗位所需的礼仪规范，帮助学生掌握实用礼仪规范，提高职业素养，使学生具备将来承担岗位职责的必要能力。本教材在编写之初以职业教育活页式教材的开发思路进行，采用校企合作方式，充分听取行业专家建议，形成了教材自身特色。

一是教学内容体系紧贴岗位需求。本教材共分为四个模块：模块一旨在让旅游专业学生明确学习目的，意识到学习礼仪对于提升职业素养的重要作用。模块二至模块四，则紧贴旅游行业的岗位需求，涵盖职业形象塑造、日常沟通交往及引导文明旅游三个方面的课程内容。

二是教材配套资源丰富多样。教材依托国家级职业教育导游专业资源库——“导游礼仪”课程内容的已建成资源，为教材使用者提供丰富多样且完整的配套资源。实现视频、动画、微课等多种非文本资源的配套使用，内容覆盖教材中多数重要项目和知识点。

三是活页式教材形式可灵活多用。教材采用活页式教材形式，每一项目、任务的内容可独立成篇，教师可根据自身教学需要，学生可根据学习难易度和重要性进行内容重组。活页式的形式使得教材内容及配套资源既紧贴岗位工作实际又能适用于其他专业礼仪课程使用。

本教材由秦皇岛职业技术学院宋梅、白丽香担任主编，国家金牌导游和秦皇岛市导游协会副会长张国庆、秦皇岛职业技术学院张璐、陶楠担任副主编，秦皇岛职业技术学院王秀荣、张健、薛博、胡铁、高媛、赵本谦、秦皇岛市广播电视台张涵硕参与编写。

由于编写时间及编者水平所限，书中难免有许多疏漏和不足之处，恳请各位专家、读者批评指正。

编者

2022年4月

目　录

模块一

认识导游礼仪

内容结构图

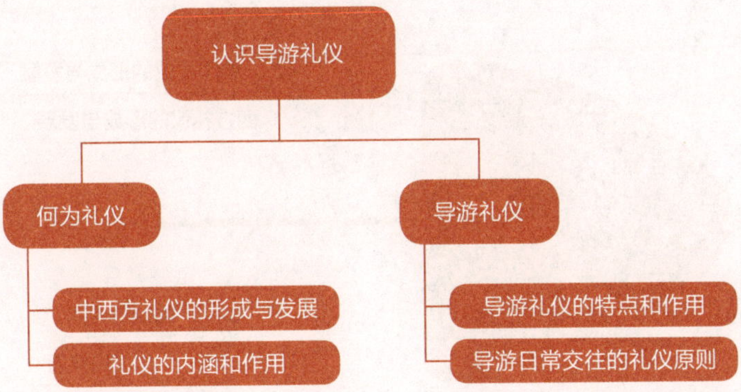

礼仪与导游礼仪

中华民族自古以来被称为“礼仪之邦”，究竟何为礼仪，它的出现又对社会起到何种作用，这是我们在正式学习本课程之前要深刻理解的内容。同时，作为导游行业从业人员所要学习的导游礼仪，自身又有哪些特点和作用，应遵守哪些基本原则，更是需要大家知晓。

学习笔记

项目一 何为礼仪

项目综述

礼仪的起源与发展同人类文明进程息息相关，中西方礼仪因不同文明的特征有着截然不同的演变史。近现代后，随着世界文明的不断交流和发展，衍生出了求同存异的现代礼仪。追根溯源，了解礼仪的起源与发展，理解礼仪的内涵与意义，是学习礼仪的基础和内在动力之一。

内容结构图

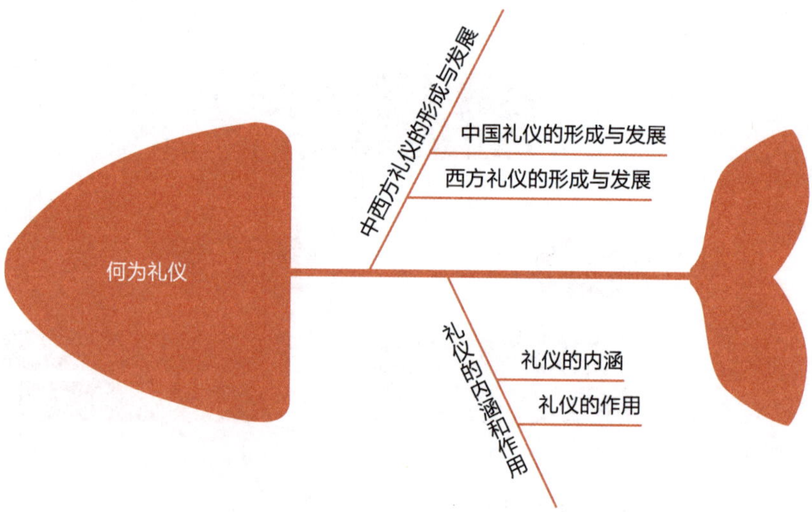

学习目标

知识目标	能力目标	素质目标
了解礼仪的形成过程。	能够理解礼仪的内涵和作用。	树立认真学习导游礼仪的意识。

学习笔记

案例导入

子曰："克己复礼为仁。一日克己复礼，天下归仁焉。为仁由己，而由人乎哉。"颜渊曰："请问其目。"子曰："非礼勿视，非礼勿听，非礼勿言，非礼勿动。"颜渊曰："回虽不敏，请事斯语矣。"

——《论语》

颜渊请教如何才能走上人生正途，孔子说："能够克制和约束一己私欲，让自己的行为回复到礼的要求上，就是仁的做法。一旦人这样做了，那么天下人间的人都会赞许他是仁人。做仁义的事情是完全靠自己的，难道还能靠别人吗?"颜渊说："希望指点一些具体做法。"孔子说："不合乎礼的不去看，不合乎礼的不去听，不合乎礼的不去说，不合乎礼的不去做。"颜渊说："我虽不够聪敏，请你允许我去实行这番话。"

案例解析

这段话是孔子解释仁礼关系最重要的一段话。大意为通过内心的约束，可以使自己不去做不合礼仪的视、听、言、动等各种行为，就算是达到仁的境界了，这其中自己的努力是至关重要的。"克己复礼"是孔子为所有人指出的修行方法，是"仁礼合一"的具体表现。

思考

这段话说明孔子对于"礼"的理解和态度是怎样的?

任务 1　中西方礼仪的形成与发展

任务导入

中国自古被称为"礼仪之邦"，礼仪规范渗透到生活的方方面面，节日时的礼俗、见面的寒暄、礼尚往来的习俗等。

学习笔记

现代礼仪中的许多规范源自西方，比如女士优先的原则、商务场合的握手礼等。

任务思考

1. 中国是如何成为“礼仪之邦”的？这些礼俗又是如何形成的？为何有些礼俗消失了？

2. 西方的礼仪最初是用来做什么的？为什么会成为现代社会礼仪的主要内容？

任务学习

一、中国礼仪的形成与发展

（一）中国礼仪的起源

在我国，关于礼的起源，普遍认为源自“祭祀”活动。殷墟甲骨文中的“礼”写作“豊”，《说文解字》中解释：“豊，行礼之器也。”又说：“履也，所以事神致福也从示从豊，豊亦声。”著名学者王国维就指出，甲骨文“豊”字，像两串玉放在器皿中，用以向鬼神行礼。

而《说文解字》中，对“仪”的解释是：“仪、度也。从人、义声。”本义为人的外表或举动。而“礼仪”二字组合起来，其实就是在祭祀活动中人们的外表和举动。总的来说，人们是通过这一系列的穿着打扮和举动表达对于“鬼神”的敬意。

（二）中国礼仪制度的逐步建立

《论语》中提到，孔子曾说：“殷因于夏礼，所损益，可知也；周因于殷礼，所损益，可知也。”夏商周时期是我国礼仪制度逐步建立的时期。

夏朝制定了比较完整的国家礼仪和制度，确定了崇古重礼的传统；商朝人们制定了繁复的祭祀仪式，对鬼神的敬仰达到了顶峰；西周时期，政治家周公认为，商朝之所以灭亡，最主要的因素就是只敬鬼神，却“不敬其德”，提出“明德慎罚”的治国纲领，制定了一系列典章制度，其中就包括中国历史上第一部记载“礼”的书籍——《周礼》，史称“周公制礼作乐”。

学习笔记

（三）中国礼仪的变革时期

春秋战国时期，群雄争霸，周代建立了礼制“礼崩乐坏”。原有的社会制度被打破，文化思想界的有识之士也开始了不同思潮的涌动，呈现了“百家争鸣”的新气象，也推动了礼仪的变革。

其中，以孔子、孟子、荀子为代表的儒家学说，提出“仁”作为最高的道德境界，重视自身修养及与周围人建立和谐关系。同时，编纂了我国现存最早的记载上古礼仪程式的典籍《仪礼》。在政治上主张以“礼制”来教化民众，为西汉以后的封建王朝统治者所推崇，逐步成为社会思想的主流。

（四）中国封建礼仪时期

西汉时，董仲舒提出“罢黜百家，独尊儒术”的建议，获得了汉武帝的支持。他提出“三纲五常”的道德规范，三纲即“君为臣纲”“国为民纲”“父为子纲”，五常为“仁义礼智信”，成为日后中国封建社会知识分子遵循的规范。

西汉礼学家戴圣依据《周礼》《仪礼》等的记载，编纂出中国古代又一部重要的典章制度选集《礼记》，对儒家思想中“礼”的部分进行了总结，与前两部典籍并称为“三礼”。

宋代时，融合佛、儒、道三教三位一体的程朱理学逐步发展，提出人们应当“存天理，去人欲”，自觉遵守“三纲五常”的封建道德规范，得到了统治者的支持，封建礼教达到高潮。

清末，随着自明以来兴起的资本主义萌芽的发展，加之鸦片战争后，帝国主义坚船利炮的侵扰，国门洞开，各种新思想兴起，封建礼教逐步走向衰落。

（五）中国民主变革时期

孙中山先生领导的民主革命举起反帝反封建的旗帜，辛亥革命推翻了清王朝的统治。随后兴起的“新文化运动”，拥护民主和科学，大力提倡新道德、反对旧道德，在中国社会上掀起一股生气勃勃的思想解放的潮流。

民国时期，战火频仍，老百姓生活在水深火热中，无暇顾及个人精神层面的提升，只有少部分知识分子在吸收西方文化的基础上，对中国礼仪进行改良和革新，与春秋战国时期相似，出现百家争鸣的局面。

学习笔记

（六）中国现代礼仪的发展

中华人民共和国成立后，百废待兴，在中国共产党的领导下，社会逐步稳定，居民生活水平逐步提高，对精神生活的追求也不断提升，融合了中西方礼仪的现代礼仪逐步发展。

2012年11月，党的十八大报告中明确提出“三个倡导”，即“倡导富强、民主、文明、和谐，倡导自由、平等、公正、法治，倡导爱国、敬业、诚信、友善，积极培育社会主义核心价值观”。2017年10月18日，党的十九大报告中指出，要培育和践行社会主义核心价值观。要以培养担当民族复兴大任的时代新人为着眼点，强化教育引导、实践养成、制度保障，发挥社会主义核心价值观对国民教育、精神文明创建、精神文化产品创作生产传播的引领作用，把社会主义核心价值观融入社会发展各方面，转化为人们的情感认同和行为习惯。坚持全民行动、干部带头，从家庭做起，从娃娃抓起。深入挖掘中华优秀传统文化蕴含的思想观念、人文精神、道德规范，结合时代要求继承创新，让中华文化展现出永久魅力和时代风采。可以说，社会主义核心价值观体现的正是当代中国礼仪的核心内涵。

二、西方礼仪的形成与发展

（一）西方礼仪的起源

礼仪起源于法庭的规定。在西方，礼仪一词，最早见于法语的Etiquette，原意为“法庭上的通行证”。但它一进入英文后，就有了礼仪的含义，意即“人际交往的通行证”。

从字面上就可以看出，这与中国礼仪起源的不同。实际上，在西方，礼仪的作用最初主要是为了避免“格斗”和“战争”而出现的简单手势或者表情。这与我国起源于祭祀活动，从敬鬼神再到敬人，成体系又较为复杂的礼仪形式有很大的不同。

西方文明起源于古希腊时期（公元前8世纪—公元前2世纪），当时的许多先哲——苏格拉底、柏拉图、亚里士多德等的著作中，都有关于礼仪的论述。据记载，古希腊人举止高雅，并有许多讲究。他们不使用招手和摆手的动作，认为这是蔑视人的一种行为，手离对方的脸越近则侮辱性越强。他们见面习惯以握手为礼，亲密朋友间则会以拥抱、亲吻表达友好之情。

学习笔记

（二）西方礼仪的发展

古罗马时期的文化承袭希腊文化，在礼仪方面并未有多大改变。公元5世纪，欧洲逐步进入封建社会，封建主以土地关系为纽带进行统治，为巩固政权，接受并推行宗教制度，禁欲之风盛行，人们无论从日常穿着到行为举止都需要严格遵守宗教规定。宗教教规几乎代替了原有的礼仪风尚，涉及人们生活的方方面面。

14—17世纪的文艺复兴、17—18世纪伴随欧洲资产阶级革命兴起的启蒙运动，使人们思想得到了解放，一改中世纪唯宗教教规是从的风气。自由、平等、民主等思想逐步深入人心，西方礼仪也日益接近现代礼仪。

任务检测

讨论：比较中西方礼仪的起源和发展有哪些相同和不同之处？

任务2　礼仪的内涵和作用

任务导入

子曰："恭而无礼则劳；慎而无礼则葸；勇而无礼则乱；直而无礼则绞。君子笃于亲，则民兴于仁；故旧不遗，则民不偷。"

——《论语》

任务思考

1. 这段话的涵义是什么？
2. 这段话说明了什么？

任务学习

一、礼仪的内涵

商务印书馆出版的《现代汉语词典》中对于"礼仪"的释义简单明

学习笔记

了：礼节和仪式，说明这个词组中的两个字分别有着不同的涵义。

后者较为容易理解，我们工作生活中，很多活动都有着约定俗成的仪式，这一方面体现对于活动的重视，另一方面也让人从仪式中增强责任感和使命感。

而“礼”的涵义，在我国礼仪起源中指的是“祭祀”活动，而后延伸为礼节。《新华字典》中对于“礼”的解释有三种：①由一定社会的道德观念和风俗习惯形成的为大家共同遵行的仪节；②表示尊敬的态度或动作；③礼物，用来表示庆贺或敬意。

综合上述解释，我们不难得出，礼仪是对礼节、礼貌、仪态和仪式的统称，是人们在社会交往活动中，为了表达相互尊重，约定俗成、共同认可的行为规范。

二、礼仪的作用

随着社会的发展，生活节奏加快，现代社会中各种繁文缛节似乎离人们的生活工作越来越远。那么，礼仪的作用又体现在哪些方面呢？

（一）礼仪有助于规范道德边界

礼仪是人们依据道德观念约定俗成的规范，因而它有助于人在社会生活中更加准确、明了的规范自身道德修养。例如，礼仪规范中要求人们不能随地吐痰，这实际上就让人们明确，随地吐痰的行为本身会对他人造成影响，就不是良好道德修养的体现。

（二）礼仪有助于协调人际关系

礼仪一方面作为一种规范、程序和文化传统，对人们之间相互关系模式起着规范、约束和及时调整的作用；另一方面某些礼仪形式、礼仪活动可以化解矛盾，建立新的关系模式。可见，礼仪有协调人际关系、发展健康良好的人际关系的作用。

（三）礼仪有助于社会和谐统一

构建社会主义和谐社会，是我们党从中国特色社会主义事业总体布局和全面建设小康社会全局出发提出的重大战略任务，反映了建设富强民主文明和谐的社会主义现代化国家的内在要求，体现了全党全国各族人民的共同愿望。而礼仪在社会生活中，规范了人们的道德边界，协调了人际关系，增强了人们的安全感和责任感，从而有助于社会和谐统一。

学习笔记

案例导入

顾小姐待人热情，工作出色，因而颇受重用。一次，旅行社派她和几位同事前往东南亚某国为新产品进行旅游服务的采购。可处事稳重、举止大方的顾小姐，竟由于行为不慎，招惹了一场不大不小的麻烦。

她和同事一抵达目的地，就受到之前洽谈的服务方东道主的热烈欢迎。在为他们特意举行的欢迎宴会上，主人亲自为这些来自中国的嘉宾每人都准备了一份礼物，以示敬意。轮到主人向顾小姐递送礼物之时，一直是“左撇子”的顾小姐不假思索，自然而然地抬起自己的左手去接。见此情景，主人神色显出不快，虽未说什么，但在后面采购价格的谈判上却显得有些不留情面。

案例解析

导游及旅行社的其他工作常常需要跨国交往，此时若对所在国的礼仪禁忌了解不足，则会引发尴尬和矛盾。顾小姐就是因为不了解东南亚某国的礼仪禁忌而造成了宴会上的不快，在东南亚某些国家，是很忌讳用左手递东西和握手的。

思考

这个案例给了你怎样的启示？

任务 1　导游礼仪的特点和作用

任务导入

尊老爱幼是中华民族的优良传统，小贝刚开始带外国人团队，接到了一个英国团。老导游嘱咐他，在遇到英国老人时不要急着上前搬行李，一定要观察下是不是搬运有困难，而且一定要小声征询意见后再帮忙。

学习笔记

任务思考

1. 为什么老导游会有这样的提醒?
2. 这体现了导游服务过程中礼仪的什么特点?

任务学习

一、导游礼仪的特点

由于旅游活动及导游服务工作的特殊性，导游礼仪与一般礼仪比较，有着自身的行业特点。

（一）直接性

导游服务中的沟通交往多以面对面的形式完成，几乎不需要其他媒介的介入。导游的言谈举止都在游客及大众的眼前，成为游客评判导游服务及大众对于导游工作形象认知的最直接的依据。

（二）灵活性

因导游工作的特殊性，在交往中会遇到来自不同地区、不同年龄、不同文化背景等形形色色的人，这就使得导游礼仪的运用具有灵活性。

（三）服务性

归根究底，导游工作中的沟通交往本身就是为了更好的完成服务工作，服务的对象即为游客。因而，在导游礼仪应用的过程中，要服务于游客的需求。在符合社会公德和法律法规的前提下，以游客满意作为最为重要的标准。

二、导游礼仪的作用

（一）塑造良好的职业形象

导游人员优雅、得体的仪容、仪表、仪态，不但给游客带来视觉上的享受，也同时向游客展示了自信、热情、积极、健康的职业形象。这一方面有助于提升游客对于导游及服务本身的满意度，另一方面也有助于加强社会大众对于导游行业的认可度。

学习笔记

（二）实现和谐的沟通交往

学习并遵守礼仪规范，能够使得导游在工作中与游客进行良好的互动，实现和谐的沟通交往，顺利完成导游服务工作。

（三）引导游客文明出行

如今，导游在旅游活动中一方面服务于游客，另一方面也起到引导游客文明出行的重要作用。导游人员只有自身了解并遵守礼仪规范，才能有资格并更好地引导游客。

任务检测

讨论：举例说明导游礼仪的特点和作用。

任务 2　导游日常交往的礼仪原则

任务导入

通常地接导游在接站前要与全陪确认旅游团乘坐交通工具的车次和发车时间，并请全陪或领队登车后告知是否准点发车。出发前向交通问讯处问清旅游团所乘班次的准确抵达时间：一般至少在飞机抵达2小时前，火车、轮船抵达1小时前。

任务思考

1. 为何地接导游要在接站前做上述工作？
2. 为何要提前1~2小时抵达接站地？

任务学习

对于导游而言，在与游客的日常交往中，有着基本的礼仪原则，这些是实现优质导游服务的前提和基础。

学习笔记

一、信守时间

导游人员要遵守信守时间的原则。

（1）在有关时间的问题上，不可以含含糊糊、模棱两可。

（2）与游客时间一旦约定，就应予以遵守，不能随便变动或取消。

（3）对于约定的时间，唯有“正点”到场方为得体。

（4）万一失约，务必要向约会对象尽早通报，解释缘由，并向对方致歉。

二、不妨碍他人

在公共场合中，应遵守“不妨碍他人”的原则。

其基本含义是要求人们在公共场所里进行活动时，务必要讲究公德，善解人意，好自为之，切勿因为自己的言行举止不够检点，而影响或妨碍了其他人，或是使其他人感到别扭、不安或不快。

三、女士优先

在社交场合里，都要尽自己的一切可能来尊重女士、体谅女士、帮助女士、照顾女士、保护女士，并且随时随地、义不容辞地挺身而出，替女士排忧解难。

四、不得纠正

在与游客相互交往中，应遵守“不得纠正”的原则。

导游在同游客打交道的过程中，只要对方的所作所为不危及其生命安全，不违背伦理道德，不触犯法律，不损害国格人格，在原则上都可以对之悉听尊便，而不必予以干涉与纠正。

五、维护个人隐私

在言谈话语中，应遵守“维护个人隐私”的原则。

导游人员在跟外国游客打交道时，千万不要没话找话，信口打探对方的个人情况。尤其是当发现对方不愿回答时，就应当适可而止。

六、以右为尊

在位置排列中，应遵守“以右为尊”的原则。在涉外交往中，一旦涉及位置的排列，原则上都讲究右尊左卑，右高左低。

学习笔记

七、保护环境

在涉外活动中，遵守保护环境的原则是非常重要的，是同文明程度的高低联系在一起来看待的。不仅要具有保护环境的意识，而且要在日常生活中严格要求自己。不在他人面前吸烟，不随手乱丢弃物品，不采摘花卉，爱护动物等。

任务检测

讨论：为何这些会作为导游与游客日常交往的礼仪原则？

项目小结

本项目中我们探讨了导游礼仪的特点和作用，并就导游与游客日常交往应遵守的礼仪原则进行了阐述。

项目练习

扫描二维码检测项目学习情况。

模块二

塑造职业形象

内容结构图

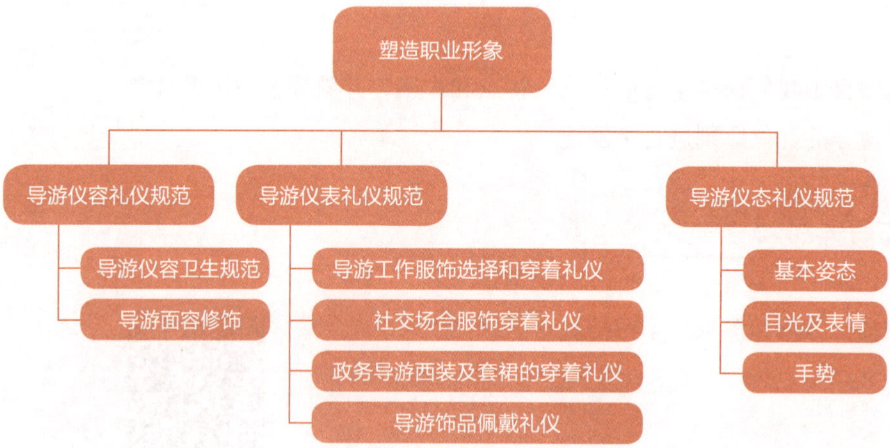

导游职业形象

导游在提升服务水平的同时，也应注重个人职业形象的塑造，重视首因效应，以较为得体的职业形象迎接中外游客。从礼仪的角度来看，一个人的个人形象主要从仪容、仪表、仪态三个方面进行评价和塑造。

仪容：一个人的容貌和形体。包括按照社会审美修饰以后的容貌和形体。

仪表：一个人的外表。包括一个人外在装饰的整体，如服饰、装饰品等。

仪态：指一个人的姿势、举止。包括：站立的姿势、走路的步态、说话的声音、面部的表情以及所运用的手势。

项目一　导游仪容礼仪规范

学习笔记

项目综述

一个人的容貌和形体往往会决定他人对你的第一印象，它一方面有赖于天生，却也取决于后天的修饰。作为旅游接待人员，将容貌和形体按照社会审美观适当进行修饰，是非常必要的。

内容结构图

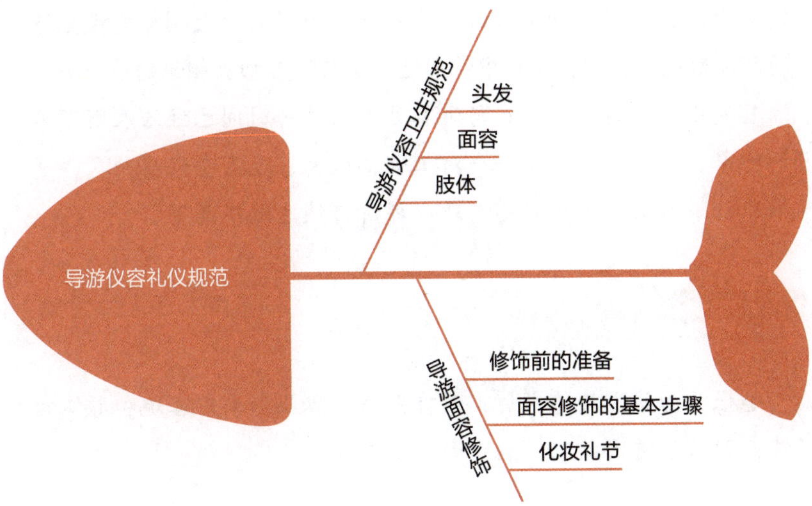

学习目标

知识目标	能力目标	素质目标
理解面容修饰和化妆的原则。	能够根据脸型化好职业淡妆和生活妆。	明确职业形象也是职业素养的重要组成部分。

学习笔记

案例导入

第一印象

小张是一家旅行社的导游，口头表达能力不错，对导游业务流程很熟悉，旅游文化知识也非常丰富，待人也非常热情，服务周道。给人感觉朴实又勤快，可是游客对他的评价总是不尽如人意。

小张自己非常着急，却不知道问题出在哪里。小张从小有着大大咧咧的性格，不爱修边幅，头发经常是乱蓬蓬的，双手指甲长长的也不修剪，身上的白衬衣常常皱巴巴的并且已经变色，他喜欢吃大饼卷大葱，吃完后却不知道去除异味。小张的大大咧咧能被生活中的朋友所包容，但在工作中常常过不了与游客初次相识的第一关。

其实小张的这种形象在与游客见面的第一时间已经给人留下不好的印象，让人觉得他是一个对工作不认真、没有责任感的人，通常很难让游客对他产生好感，所以评价自然也就不高了。

案例解析

小张作为旅游接待人员，不重视个人职业形象中容貌和形体的修饰，忽略了首因效应，最终影响了工作。

思考

小张应如何调整自己的个人形象？

任务1 导游仪容卫生规范

仪容卫生

任务导入

小琴和小贝要应聘A旅行社的导游工作，后天就要面试了，就业指导中心的老师建议他们注意下自己的仪容形象。

任务思考

学习笔记

1. 他们需要在仪容卫生方面注意哪些问题呢？
2. 什么样的发型更适合他们呢？

任务学习

作为未来的旅游接待人员，小琴和小贝在面试时的仪容形象，应该符合社会大众的审美观，首先就应该做到仪容卫生。按照容貌到形体的顺序，主要包括以下几个方面。

一、头发

（一）发型的选择

对于旅游接待人员而言，应选择整洁干净、美观大方的发型，如果考虑工作特点，更建议选择便于打理的发型。

1. 男士发型

男士应尽量选择前不及眉、旁不遮耳、后不及衣领的短发造型，避免留长发和大鬓角，发色应尽量选择深色、不过分鲜艳的颜色。

2. 女士发型

女士在发型的选择上，短发及长发都适宜。但对于短发来说，齐耳的直发或者微曲稍长的短发较为容易打理；长发则建议选择盘发或者束发造型，披肩长发既不方便打理，也容易在工作时出现安全隐患。

眉眼是人传情达意的重要部位，作为旅游接待人员，为了能够更好的传情达意，也建议刘海的选择不要过长过厚，尽量露出眉毛，给人以清爽亲切的感受。

（二）头发整洁

除了发型的选择应适宜外，还要注意头发的整洁清爽和日常保养，避免头发蓬乱、干枯、油腻。

1. 定期清洁头发

冬季2~3天清洁一次，夏季可根据自身发质增加清洗次数。

2. 应注意整理头发

保持头发整洁利落，避免蓬乱，尽量给他人留下整洁的印象。

学习笔记

3. 要注意头发的养护

旅游接待人员的工作性质使得其户外工作时间比较多，长期日晒雨淋，都会对头发造成较大的损害，因而更应在日常过程中注意养护。首先，做好头皮头发的防晒工作，可以在工作时佩戴具有防晒指数的遮阳帽。其次，要合理地使用头发头皮的养护用品，才能使头发呈现较为良好的状态，避免脱发掉发、头发毛躁打结等情况的出现。

二、面容

（一）面部

在仪容卫生方面，要做好面部的清洁工作，避免满面油光。男士在没有宗教信仰或民族习惯的前提下，建议养成勤剃须的习惯。

（二）五官

1. 眼

眼睛是“心灵的窗户”，是旅游接待人员向游客传情达意的重要部位，要注意保持活力和清洁。因为导游工作的特殊性，可能会需要经常佩戴防晒墨镜，此时也应注意墨镜的清洁。同时应注意佩戴的场景，室内和其他无阳光直射的区域应及时摘下墨镜，避免阻碍与游客的沟通交流。

2. 眉

“眉目传情”，眉毛同样也是传情达意的重要部位。“眉目清秀”被用来形容人的容貌不俗。清朗的眉毛更符合大众审美取向，这就要求我们应注意眉毛的修整，避免杂乱的眉毛出现。

3. 鼻

作为文明旅游的传播者，旅游接待人员首先应注意避免在公共场所无遮掩的清洁鼻腔及打喷嚏。同时，应注意定期修剪鼻毛，避免露出鼻腔。

4. 耳

和清洁鼻腔一样，公共场所也要避免清洁耳道的行为，日常则应注意耳朵，特别是外耳道的清洁。

5. 口

作为旅游接待人员，应保持口腔无异味，牙齿洁净。建议每天做到“三个三”，即三餐后刷牙、饭后三分钟内刷牙、刷牙时间不少于三分钟。同时，要绝对避免在公共场所随地吐痰，避免无遮掩地咳嗽、清嗓、打嗝。在疫情防控期间，还要注意佩戴好口罩并保证其清洁。

学习笔记

三、肢体

（一）手臂

1. 手

手被称为人的“第二张脸”，手部是人们在日常交际中最常使用和接触的部位之一。应注意保持手部清洁，特别在疫情防控期间，作为旅游接待人员，在日常清洁的基础上，还应随身配有手部清洁消毒物品。避免留长指甲，尽量不要涂抹浓艳的指甲油，不要在公共场所修剪指甲。

2. 手臂

夏季，尤为要注意腋下的清洁工作，避免出现有异味和腋毛外露的情况。

（二）腿脚

1. 脚

要注意保持脚部的清洁，避免异味和脏污，更要避免在公共场所脱掉鞋和袜子的不雅行为。

2. 腿

注意腿部清洁，特别是较为浓重的腿毛，应注意遮掩。

任务检测

一、选择题

旅游接待人员在口腔清洁方面要求做到“三个三”，即（　）

A. 三餐后刷牙

B. 每次刷牙应在饭后三十分钟之内

C. 每次刷牙应在饭后三分钟之内

D. 每次刷牙时间不少于三分钟

二、判断题

旅游接待人员不能在工作期间佩戴墨镜。（　）

学习笔记

任务 2 导游面容修饰

任务导入

小琴正在为最终的导游面试环节做准备，除了仪容卫生，还要考虑面容修饰的问题。

任务思考

去旅行社面试导游，是否要注意面容的修饰呢？到底需不需要化妆呢？如果需要化妆，那什么样的妆容合适呢？

任务学习

作为旅游接待人员，在面容修饰方面，应注意保持良好的面容状态，而化妆方面则应做到："化妆上岗，淡妆上岗"的基本要求。在参与面试时，出于礼仪的角度以及提升个人形象方面的要求也应注重面容修饰。

一、修饰前的准备

（一）护肤

要想让面容保持良好的状态，妆容完美服帖，肌肤的护理十分重要。旅游接待人员户外工作时间较长，工作时间不固定，在肌肤养护方面首要关注的是皮肤的清洁和防晒，同时也应注重日常补水和护肤品的选择。在饮食方面也应注意均衡饮食，保证维生素和水分的获取。

（二）了解自身面部特征

在进行面容修饰前，应对自身的面部特征有充分的了解，包括脸型、肤质、肤色、面部比例、五官特征等，对化妆而言，这样做有助于更好地选择适合的化妆用品，同时在化妆时扬长避短，起到美化的作用。

（三）选用合适的化妆用品

化妆前，应依据自身面部特征选用合适的化妆用品，这主要包括两部分，一是化妆品本身；二是匹配相应化妆品使用的合适的化妆工具。

二、面容修饰的基本步骤

学习笔记

面容修饰也要注意基本步骤的安排，特别是在化妆时，依据面部特征及化妆习惯的不同，化妆步骤有所调整，但基本的化妆步骤要包括以下内容。

面容化妆

（一）面部清洁

想要保持良好的肌肤状态，拥有服帖的妆容，同时避免残留化妆品对于皮肤的损害，需要做好面部清洁工作，这主要包括三个部分。

1. 卸妆

卸妆是清洁的第一步，残留化妆品会对肌肤造成负担和损害，不容忽视。依据肤质和妆容选用卸妆产品，按照使用要求正确卸妆。需要特别注意的是，不只是彩妆，部分防晒产品使用后也需卸妆；眼唇部位较为敏感，应使用专用的眼唇卸妆产品；要注意卸妆的手法，避免因使用不当损害肌肤。

2. 洁面

在清晨、睡前及化妆前后都要进行洁面，应依据肤质、季节选用合适的洁面产品，特别是敏感肌肤，要挑选不含有皂基的温和洁面产品。使用时，应将面部打湿，同时将洁面产品在手心充分揉搓后再以向上打圈的方式，用指腹轻揉面部清洁，最后用流动水充分清洁，用洗脸巾轻轻按压吸取多余水分。

3. 面部深度清洁

除日常清洁工作外，还应定期使用专业的面膜等产品对面部进行深度清洁，促进护肤品的吸收，使妆容更加服帖自然。要注意不同肤质的适用产品和手法，尤其是敏感肌肤。

（二）护肤

保持肌肤水润清透是良好面容的基本要求，也是妆容的基础。要注意日常肌肤的养护，依据肤质、年龄、季节、肤况选用适宜的护肤品。同时，作为长期在户外工作的旅游接待人员，尤其要注意肌肤的防晒和补水。无论何种季节、天气都应使用防晒产品并及时补涂，还应注意选用带有防晒指数的防晒衣物和物品。同时要注意日常多食用蔬菜水果，多饮水。要特别注意的是，在化妆前的护肤应尽量精简，避免过于黏腻，影响后续上妆及持妆效果。

学习笔记

（三）打底

护肤步骤结束后，对于化妆而言，则要开始进行面部打底。首先，可依据肤质、肤色选用合适的妆前产品，目的是均匀肤色、细化毛孔等。

然后可以依据肤色、肤质和化妆条件选用不同的底妆产品，主要包括粉底液、粉底霜、粉底膏、遮瑕等。依据不同产品，使用恰当的化妆工具进行打底，尽量使妆容服帖、自然、立体。

（四）定妆

依据肤质、季节及妆容需求选用合适的定妆产品进行定妆，市面上的定妆产品主要包括定妆散粉、粉饼、定妆喷雾等。日常定妆推荐选用散粉，注意应选择粉质细腻、持妆效果好的产品，用粉刷或粉扑蘸取少量粉，轻按容易脱妆的部位；外出补妆定妆可随身携带粉饼，也是要少量多次轻按，切忌多量擦拭；对于容易脱妆的肤质和季节可配合使用定妆喷雾，使用时要等喷雾晾干成膜后再进行后续妆容，也要注意喷雾呈现的妆感，推荐选用哑光妆感的产品。

（五）修饰眼部

眼部是妆容的重点，作为旅游接待人员，在进行眼部妆容修饰时，要注意适度、美观的原则。主要步骤如下。

1. 涂眼影

对于旅游接待人员来说，应尽量选择柔和、自然的眼部化妆产品，避免选用带有珠光、闪片的眼影，推荐适合大多数东方人的大地色系眼影。涂抹时应遵循，颜色内深外浅、眼尾深、眼头浅的原则，少量多次画出富有层次、具有修饰作用的眼影效果，要考虑不同眼睛的形态对于眼妆的影响。

2. 画眼线

选用合适的眼线产品来进行修饰，新手推荐眼线笔，易脱妆的人推荐使用眼线胶笔。眼线颜色应与妆容和发色相符，要特别注意勾画内眼线，避免出现“留白”。

3. 涂睫毛

选用合适的化妆产品修饰睫毛，旅游接待人员除出席重大场合，不推荐佩戴假睫毛。涂睫毛时应注意均匀涂满整个睫毛并向上向下延伸，避免结块。

学习笔记

（六）修饰眉毛

无论男女，都应注意眉毛的整洁，定期修整眉形，除去杂眉。化妆时，应依据脸型和妆容风格选择合适的眉形。先确定眉头、眉弓、眉尾的位置，再用眉笔依据眉毛生长的脉络轻轻勾画出想要的眉形，要注意眉毛的深浅应由眉头向眉尾逐渐加深。也可用眉笔勾勒形态后用眉粉填充，颜色选择依据发色和眼球的颜色。如果想增加眉毛的立体度，或者头发染色与眉毛实际颜色差距较大，可配合使用染眉膏。

（七）修饰脸型

不同的脸型都有自己的优缺点，依据“三庭五眼”和面部立体度的原则，可使用不同的化妆步骤和手法修饰脸型，主要包括以下几方面。

1. 底妆立体度修饰

如果想打造立体自然的妆效，可在打底时就依据肤色选择深浅不一的两种以上的打底产品，依据面部明暗立体度原则使用上妆。

2. 涂抹腮红

腮红的涂抹一方面提升气色和妆容的融合感，另一方面也有助于脸型的修饰。基本的腮红打法，是用腮红刷蘸取少量腮红，轻弹余粉，保持微笑，以画圈的方式轻轻涂抹在苹果肌的部位。但如果想修饰脸型，则可调整腮红的画法。

3. 阴影高光的使用

还可配合使用阴影和高光打造立体妆容，要注意产品颜色的选择应贴合肤色，日常工作时使用不要过于浓重，少量多次，避免使用含有亮片的高光产品，推荐使用哑光高光产品。

4. 发际线的修饰

脸型的修饰还可以依靠对于发际线的修饰打造，可使用专业的发际线修饰粉、修饰笔，或使用眉粉，用化妆刷轻轻修饰发际线部分，尽量做到柔和自然，也要注意夏季时流汗会造成的脱妆现象。

（八）修饰唇部

唇部的修饰是化妆的关键，首先要时刻保持唇部湿润平滑。春秋季节要注意补水保湿，夏季也要注意唇部防晒。日常注意多饮水，定期使用润唇产品，如果出现唇部起皮干裂现象，应避免用舌头舔润嘴唇，更不能将死皮直接揭掉，而是要使用磨砂产品清洁死皮。

唇部妆容可根据需要使用唇膏、唇彩、染唇液、唇釉等产品，对于

学习笔记

旅游接待人员，应尽量选择日常、淡雅、庄重的唇部彩妆。

（九）补妆

补妆可以使用气垫粉、粉饼等，用粉扑轻轻按压脱妆的部位，尤其要注意额头、鼻头等容易出油部位。补妆时应避开公众场所，避免在大庭广众之下进行，而应选择洗手间等区域补妆。

三、化妆礼节

化妆除了要注意妆容的完整和谐美观外，还要注意化妆时的基本礼节。

（一）避免在公共场所化妆

快节奏的生活让大家总是想节约出更多的时间，经常会遇到有人在公共场所，例如公共交通工具等处完成化妆的过程。这样虽然看起来节约了时间，但却有可能给周围人带来困扰，也容易造成危险或者妆容的不精致。因而应尽量选择较为私密的场所化妆，如因时间安排必须在公共场所进行，则应选择公共洗手间或专门的化妆室进行。

（二）不要对他人造成困扰

除了在公共场所化妆可能会对他人造成困扰外，有些化妆品中含有较为浓郁的香精香料，也可能会引起一些对气味或成分较为敏感的人的不适感，应注意避免。

（三）化妆应以适合为基本原则

在化妆时，应该从自身条件出发，结合身份、年龄、着装、所处的环境、场合、时间的不同选择妆容。对于旅游接待人员而言，日常工作应以淡妆为宜。如果遇到晚间的社交场合，特别是与游客共同参加晚宴、观看演出等，可配合服饰适当调整妆容，力求得体合礼。

任务检测

为自己画一个得体的面试妆容或为同学所化妆容提出建议。

项目小结

学习笔记

作为旅游接待人员，应注意保持良好的仪容形象。一方面要注重仪容卫生，包括头发、面部和肢体的仪容卫生；另一方面，也要注意面容修饰，学会辨别妆容是否合适。

项目练习

扫描二维码检测项目学习情况。

学习笔记

项目二 导游仪表礼仪规范

项目综述

作为旅游接待人员，日常工作生活中，可能会遇到不同的场合，如何合礼地着装显得尤为重要。

内容结构图

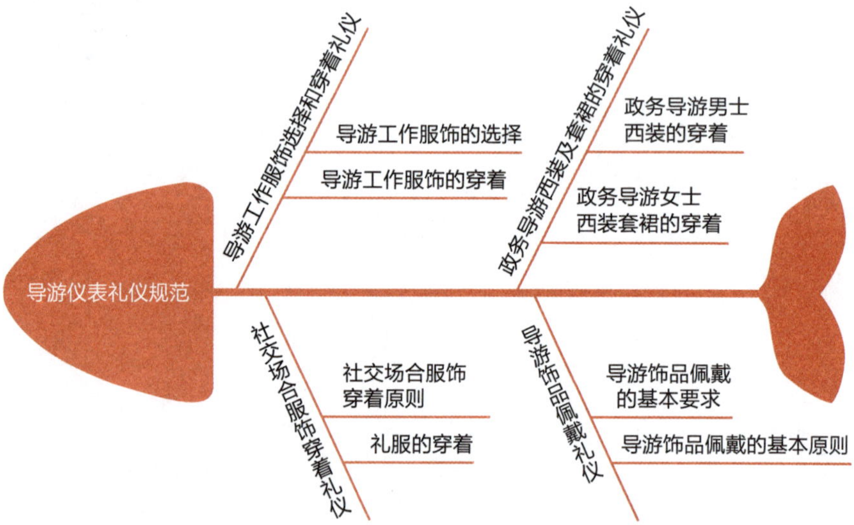

学习目标

知识目标	能力目标	素质目标
了解导游日常工作及社交场合着装的基本原则和要求。	学会区分场合合礼着装。	明确职业形象也是职业素养的重要组成部分。

学习笔记

案例导入

小黄去一家旅行社进行最后一轮导游面试。为确保万无一失，这次她做了精心的打扮。一身前卫的衣服、时尚的手环、造型独特的戒指、亮闪闪的项链、新潮的耳坠，身上每一处都是焦点，她的对手只是一个相貌平平的女孩，学历也并不比她高，所以小黄觉得胜券在握。但结果却出乎意料，她并没有被这家旅行社所认可。人力资源部工作人员抱歉地说："你确实很漂亮，你的服装配饰也很有个性，可我觉得你并不适合干这份工作。实在很抱歉。"

案例解析

小黄在面试中夸张的饰品佩戴显然是不合适的。

思考

小黄面试导游，饰品搭配应注意些什么？

任务 1　导游工作服饰选择和穿着礼仪

任务导入

小琴和小贝顺利通过旅行社面试，成了实习导游。今天是两人正式上岗成为导游的第一天，今天带团的目的地是一处山岳风景名胜区。

任务思考

1. 两人作为导游，选择什么样的服饰更为得体？
2. 就今天的目的地而言，应该穿什么样的鞋比较合适？

任务学习

学习笔记

一、导游工作服饰的选择

作为旅游接待人员，导游在日常工作时选择的服饰应考虑以下几点因素。

（一）符合大众审美观

基于导游工作特点，着装时应符合大众审美观，避免穿着奇装异服、超出大众审美观取向的服饰。

（二）体现导游的精神风貌

旅游接待人员应体现文明、健康、阳光、积极的精神风貌。因而服饰应尽量选择款式简洁、大方，色彩明快，大小得体的。

（三）考虑导游服务工作场景

旅游接待人员在选择工作服饰时，还应重点考虑服务的工作场景。例如，如果是在山岳景区，应穿着相对舒适便于活动的服饰；如果是在博物馆等室内景区，则可以选择相对正式或者符合情境的服饰。需要特别注意的是在参观游览一些宗教景区或民族聚居地时，服饰的选择也应“入乡随俗”，符合当地风俗习惯及宗教信仰。

二、导游工作服饰的穿着

作为旅游接待人员，在日常工作时，即便不穿着制式服装，也应遵守以下礼仪规范。

（一）服装干净整洁

导游应尽量保持服饰的干净整洁，尤其夏季或者炎热地区工作时，更要注意勤换衣物。

（二）不穿着过分暴露的服饰

在工作时，尽量避免穿着过分暴露的服饰，男士更要避免打赤膊。

学习笔记

（三）不在公共场所脱掉鞋袜

导游要做好文明旅游的示范作用，不要在公共场所，例如公共交通工具上、景区内，甚至是餐厅内脱掉鞋袜。

（四）尊重宗教及民族习惯

在服饰穿着上还应尊重宗教及民族习惯，例如，去往寺庙游览时，要避免穿着短裙、短裤等服饰，遵守景区着装要求。

任务检测

为“任务导入”中的小琴和小贝各搭配一套服饰。

任务 2　社交场合服饰穿着礼仪

任务导入

小琴和小贝带一个定制游团队赴欧洲考察出行，行程中有当地企业邀请客人观看晚间歌剧的安排，二人获邀一同出席。

任务思考

1. 小琴和小贝应该怎样着装出席？
2. 晚间正式场合中，依据哪些因素选择着装？

任务学习

一、社交场合服饰穿着原则

从礼仪的角度讲，人们在社交场合服饰的穿着应遵循TPO原则，TPO分别对应的是Time（时间）、Place（地点）、Occasion（场合）。

（一）Time（时间）

一年四季，一天24小时。在不同的时间里，着装的款式、质地、造

学习笔记

型都应该是不同的。例如，冬季气温偏低，衣物应该保暖、御寒，夏季则要透气、凉爽、吸汗。白天社交多为工作场合，尽量选择正式、严谨的服饰，晚上社交多为轻松愉悦的私人场合，社交距离也较近，可选择较为时尚、个性的服饰。

（二）Place（地点）

室内或室外、海边或高山、公司或家中、国内或国外、城市或乡村，在不同的地点，着装也应该与之相协调。例如，在海边身着泳装比套装要合适。

（三）Occasion（场合）

不同的社交场合中，人们扮演着不同的社会角色，塑造不同的形象，留给他人不同的印象，期许着不同的目标，而着装则是这其中重要的环节。例如，在工作中，人们往往希望展现的是专业、负责的形象，所以可选择较为严谨、合体的服饰。

二、礼服的穿着

礼服是人们在日常社交场合中较难区分选择的一类服饰，穿错了往往会贻笑大方。中西方在出席重要场合时的礼服又有着些许的不同。

礼服的穿着

（一）国际礼服

1. 女士礼服

根据出席时间场合的不同，国际上对于女士礼服主要有以下几种。

（1）晚礼服　又称大礼服，是晚间6点以后出席重要场合的首选服饰，是女士最高级别的礼服。特点是往往裙长至脚踝处甚至拖地，通常为体现女性魅力，会有一定程度的裸露。面料多选用丝绸、锦缎、丝绒、蕾丝等闪光、飘逸、华丽的材质，色彩高雅、奢华，装饰丰富亮眼，甚至用宝石镶嵌，凸显雍容华贵。

（2）小礼服　又称酒会礼服、准礼服，一般适用于下午3点至6点间的非正式酒会。由于在这类鸡尾酒会上不提供很多座位，客人手执酒杯自由走动，一般为站立状态进行交谈和饮食。所以，通常礼服较为短小精干，面料使用较为广泛，一些新型面料也广泛用于此类礼服。

（3）日间礼服　也称晨礼服，是白天出席正式场合穿着的服饰，通常不会有大面积的裸露，女士多以连衣裙、裙套装为主。面料传统上选择不透明、不闪光的材质。

学习笔记

2. 男士礼服

（1）燕尾服　男士晚间宴会最高级别礼服，又称大礼服，正式宴会邀请函上标注的白领结（White Tie）就是燕尾服的简称。燕尾服上衣形制为前端是折角短下摆，前短后长有尾巴，总衣长近膝，双排扣；戗驳领镶缎，缎材包扣与驳领材质相同；内穿白色马甲配白领结；下身必须穿侧镶双条缎带的长裤；只能搭配翼领礼服衬衫；着黑色丝袜配黑色漆皮鞋。它是所有着装规则中最正式也是最古板的，非常严格地限定了着装要求，千万不要追求特立独行。

（2）塔士多礼服　又称半正式小礼服，应用场合广泛，邀请函上标注的黑领结（Black Tie）就是塔士多礼服的简称。塔士多礼服通常在领面、袋口、长裤两侧有镶缎装饰。它有许多形制，最著名的有英式、美式和法式。英式塔士多为戗驳领、单排一粒扣，美式塔士多为青果领、单排一粒扣，法式塔士多为戗驳领、双排扣。塔士多礼服内配翼领衬衫、黑领结，腰封马甲二选一，丝绒塔士多领面可不镶缎。

（3）晨礼服　曾经是欧洲上流阶层出席英国Ascot赛马场金杯赛时的服装，因此也被称为“赛马礼服”，是日间最高级别礼服（Morning Coat）。在当今的社交生活中，通常只作为公式化的特别礼服，如隆重的典礼、授勋仪式、结婚典礼等。晨礼服标准形制为单排一粒扣、弧线下摆，上衣多为黑色或灰色，下身搭配灰色竖条纹裤，内配企领或异色领法式衬衫、马甲、领带，黑色牛津鞋，高顶礼帽和手杖。

（二）我国礼服

在国际礼服的基础上，在我国，正式场合时还有许多服饰符合着装礼仪。

1. 民族服饰

我国是多民族国家，许多民族都有举办重大活动或庆典时所穿着的民族服饰。例如，汉服中有许多礼服形制，比如古代命妇最高级别的礼服被称为翟衣，大夫以上着冕服等；各少数民族大多也都有礼服。

2. 旗袍

旗袍形成于20世纪20年代，1929年被确定为国家礼服之一。如今，我国在许多正式场合，女士也多着旗袍出席。2014年11月，在北京举行的第22届亚太经济合作组织会议上，中国政府选择旗袍作为与会各国领

学习笔记

导人夫人的服装。

3. 中山装

中山装是孙中山先生在广泛吸收欧美服饰的基础上，综合了日式学生服装诘襟服与中式服装的特点，设计出的一种立翻领有袋盖的四贴袋服装。

4. 改良中式礼服

近些年来，许多将传统的中国服饰与现代服饰相结合设计的礼服越来越受到国人的青睐。比如习近平总书记在出席国际会议和访问时穿着的以中山装为基础改良的“中华立领”，稳重而不失生动，中国风十足却又融合西方元素，引领了中国时尚风潮，充分体现了文化自信。

任务检测

为“任务导入”中的小琴和小贝各搭配一套服饰。

任务3 政务导游西装及套裙的穿着礼仪

任务导入

小琴和小贝接到了政务导游服务的任务，旅行社下发了统一的服装，小琴的是一套藏青色的西装套裙，小贝的是同色的一套两粒扣西装。

任务思考

1. 小琴和小贝在穿着服装前需要做哪些准备？
2. 小琴和小贝在穿着服装时应该注意哪些礼仪细节？
3. 小琴和小贝应该搭配什么样的鞋袜？

任务学习

随着旅游业的不断发展以及各地对城市推介的需要，各地逐步设立政务导游岗位。政务导游主要负责接待各机关单位重要宾客、旅行社商务（会展）团队、贵宾级团队，同时也是重要会议的接待工作储备人员，负责在政务接待活动提供优质的导游服务。

学习笔记

一、政务导游男士西装的穿着

（一）西装的选择

如何选择男士西装

1. 面料

西装多以挺括、平整、垂坠感好的面料为主，首选是羊毛料。面料的选择还要考虑季节因素，春季雨水多要透气性强，夏季炎热要轻薄，秋季风大要垂感强，冬季寒冷要厚重，羊毛料可根据季节选择不同克重的面料。

2. 色彩

工作场合的西装多以深色为主，首选藏青色（Dark Navy），黑色、灰色、褐色也是不错的选择，也可根据个人喜好挑选条纹或格纹，正式场合一般上下装同色居多。

3. 款式

西装款式的分类方法有很多种，不同款式的西装，由于设计的不同，适合的场合、人群都会有所不同。

（1）按西装上衣的纽扣排列来划分　分单排扣西装上衣与双排扣西装上衣。

①单排扣西装上衣：常见的有一粒纽扣、两粒纽扣、三粒纽扣三种。一粒纽扣、三粒纽扣单排扣西装上衣穿起来较时髦，而两粒纽扣的单排扣西装上衣则显得更为正规一些。

②双排扣西装上衣：常见的有两粒纽扣、四粒纽扣、六粒纽扣三种。两粒纽扣、六粒纽扣的双排扣西装上衣属于流行的款式，而四粒纽扣的双排扣西装上衣则明显具有传统风格。

（2）按西装的件数来划分　分单件西装、两件套西装和三件套西装。男士在正式场合中所穿的西装，必须是西服套装，其中三件套的西服套装正式程度最高。

（3）按穿着场合来划分　分礼服、便服。礼服要求布料必须是毛料、纯黑，下身需配黑皮鞋、黑袜子、白衬衣、黑领结。便服又分为便装和正装。人们一般穿的都是正装。正装一般是深颜色、毛料（含毛在70%以上），上下身必须是同色、同料、做工良好。

学习笔记

4. 版型

所谓版型，指的是西装的外观轮廓。传统西装主要分为美式、英式、意式、日式，不同的版型对应不同的剪裁，适合不同的人群。

（1）美式西装　美国人在着装方面崇尚舒适自由，西装特点是方正无收腰、宽松，但他们在正式场合也很少着美式西装参加。

（2）英式西装　伦敦萨维尔街——传统西装的起源地，讲究立体的肩线和简单利落的剪裁，是西装革履的标准写照，最大的特点是肩膀平直，强调合身，通常采用轻型垫肩，来塑造出肩型。一般为单排三粒扣，领子偏高，自然收腰，后双开衩，有票据袋，做工精细不花哨，面料颜色沉稳厚重。这种西装在世界各国都受到广泛欢迎。

（3）意式西装　意大利人浪漫优雅，意式西装色彩艳丽，奔放性感洒脱，以彰显浪漫精神。最显著的特征是那不勒斯肩、袖，最为常见的袖口是高雅的“重叠扣”。打裤褶是典型的意大利剪裁，腹部饱满的男士穿着尤为舒适。

（4）日式西装　日式西装的基本轮廓是H型的，它适合亚洲男人的身材，没有宽肩，也没有细腰。一般而言，它多是单排扣式，衣后不开衩。

5. 做工

西装在选择时，做工尤为重要，剪裁是否合体，缝合是否匀称等都会影响到西装穿着呈现的状态。因而，在选择时，尽量选择专业品牌或定制西装。

6. 合身

选择西装时，合身是所有条件里最重要的一点，通常应该选择紧身一些，而不是宽松的。

（1）西装上衣　西装上衣在选择尺码时，要考虑以下几个维度。

①衣领：西装上衣的衣领应低于衬衫衣领1厘米左右。

②袖口：双臂自然下垂时，袖口以能露出衬衫袖口1厘米左右为宜。当手肘靠在桌子上抬起手臂时，能露出衬衫的扣子。

③肩部：肩部合适的尺寸，最好是和肩宽是一致的或者略大于0.5厘米。

④衣长：标准的衣长长度是能够完整地遮住臀部的末端。可以以手臂自然下垂，大拇指的第一个关节所处的水平面为参考，即为标准衣长。

（2）西装裤　西装裤标准的长度是不穿鞋，裤子刚好接触到地面。穿鞋时，则裤脚刚好搭在鞋面上。

学习笔记

（二）穿着西装前的准备

除了西装套装外，穿着西装前还有许多需要搭配西装穿着的服饰需要准备。

穿着西装前的准备

1. 衬衫

衬衫一般分为礼服衬衫、商务衬衫和户外衬衫。工作场合衬衫最常见的必备颜色是白色和蓝色，其中白色最为常用，浅色系条纹衬衫更显个性和品位。

衬衫应根据自身条件选择上身挺括自然的，尤其是应有挺直的衣领，首选天然纤维面料。工作场合的正式衬衫因要系领带、领结，所以尺码是以领围（从衣领一端的纽扣中心到另一端扣眼中心绕量一圈的尺寸）来标注规格的，单位是厘米（cm）。在选择时，一般应以净领围也就是脖围加2厘米的尺寸来选择较为合适。

2. 领带

穿着西装时，领带是必备的单品，在选择领带时，面料以真丝和羊毛最佳。颜色通常选与衬衫或西装同色系纯色或条纹图案，款式则应与衬衫领型相配。正式场合，领带的长度以下端搭在皮带扣上下1厘米为宜。

领带的起源

领带的系法有很多，最为正式的一种领带打法是“温莎结”，此外还有四手结、三一结、简式结、埃尔德雷奇结等打法。

3. 皮带

首先，定制西装一般比较合体，可以不使用皮带，而正式场合中，一条背带要比皮带更为庄重。市面上的皮带一般有两种皮带扣，即针扣式和板扣式，正式西装可选用板扣式。

4. 鞋袜

穿着西装，鞋袜的搭配十分重要。

（1）鞋　正式西装应尽量搭配正装皮鞋，首选牛津鞋，德比鞋适合脚型较宽、脚面高的人群，但正式程度不如前者。色彩上，首选黑色，更为百搭。

（2）袜子　在穿着西装时，为防止坐下时，裤脚吊起后露出小腿，所以应穿到达小腿肚长度的中筒袜。颜色上，深色袜子对于正式场合是最恰当的选择，比如黑色、棕色、蓝色、咖啡色等，切忌白袜子配黑皮鞋，正式场合着装中这是不礼貌的体现。材质上，应尽量选择棉质、羊毛等天然材质。

学习笔记

5. 配饰

正式场合西装在穿着时，除上述搭配外，还有许多配饰也值得注意。

（1）口袋巾　口袋巾是西装穿着时的重要搭配，需要注意的是西装上衣左侧外部的口袋，是唯一可以放置口袋巾的位置。深色西装建议搭配浅色口袋巾，忌领带和口袋巾同色显呆板。

（2）领带夹　为防止领带随意摆动，往往会给领带配备领带夹，领带夹应将领带与衬衫夹在一起，起到固定作用。领带夹夹放的位置高度应该在衬衫的第四和第五颗纽扣之间。为了美观，领带夹不要将整个领带的宽处都夹住，应留有1/4的位置。

（3）公文包　按照礼仪规范要求及西装穿着美观考虑，作为政务导游，在穿着正式西装套装时，大件或较多的物品是不能放入西装口袋内的。因而公文包也是政务导游在正式接待中最为适宜的搭配，可以用来携带重要稿件、手机等。公文包的选择应与鞋的颜色和皮质基本一致。

（4）腕表　作为政务导游，在进行工作时，要合理安排并控制时间，同时工作中频繁看手机也是不礼貌的行为。因而无论从美观、礼节的角度，佩戴腕表都是不二选择。需要注意的是，腕表的选择应避免浮夸，表带的选择首选皮质。另外，如果要佩戴腕表，在选择衬衫时，袖口的宽度可大于实际腕长1厘米。

6. 内外穿搭

冬季穿着西装时，外套首选羊毛大衣，或在衬衫和西装上衣之间搭配较为轻薄的羊绒衣。切忌在衬衫内穿着内衣，以免在单独穿着衬衫时露出。

穿着西装前除了要准备上述服饰外，还应注意在穿着西装套装前将西装袖口外的商标拆掉，同时要将西装套装及衬衫、领带熨烫平整。

（三）西装穿着的礼仪

西装作为正式场合的着装，在穿着时要注意以下礼仪要求。

如何穿着男士西装

1. 纽扣的系法

在穿着西装时，看似简单的纽扣，如果随意系很可能会闹出笑话。一般规则如下。

（1）单排扣西装　单排扣西装一般分为一粒扣式、两粒扣式和三粒扣式。除一粒扣可选扣或不扣，两粒和三粒扣式的西装，遵循扣上不扣

学习笔记

下的原则。两粒扣式只扣上面一颗，三粒扣式可选择扣上面两颗或中间一颗两种扣法。

对于最后一粒纽扣为何不扣有很多说法，其中有一种说法是扣上最后一粒扣代表穿着者要去参加诸如丧礼、弥撒等极为庄严肃穆的场合，所以为避免引起误解，建议遵循上述礼仪要求。

（2）双排扣西装　双排扣西装一般分为四粒扣和六粒扣两种，外侧最下面的纽扣一般不系。

2. 口袋的使用

西装套装的口袋有很多，总的来说，西装上衣的内口袋可放置少量的物品，例如笔、名片夹等；西装上衣左上方外口袋可放置口袋巾；其余口袋为保证西装套装穿着笔挺、不臃肿，按照礼仪习惯，通常不能放置任何物品。

此外还要注意西装裤的裤袢上也不要挂置钥匙等任何物品。

3. 其他穿着礼仪

在穿着西装时，还要注意以下穿着礼仪。

（1）衬衫下摆要放入西装裤内　在穿着正式西装时，衬衫下摆一定要放入西装裤内，切忌散放在裤子外，甚至长于西装上衣下边露出。

（2）不佩戴领带时，应解开最上面衬衫纽扣　如在相对轻松的社交场合，可以不佩戴领带，这时，应将衬衫最上面1~2粒纽扣解开。

（3）不可挽起衬衫袖口、西装裤裤脚　夏季穿着西装时，选择面料轻薄透气，款式利落的套装。如果天气过于炎热，可将西装上衣脱去，但切忌挽起衬衫袖口及西装裤裤脚。

二、政务导游女士西装套裙的穿着

西装套裙指上装穿西装，下装为开衩直筒裙的组合搭配方式。最初是欧洲贵族女性骑马、打球或郊游时穿着的服饰，借鉴自男装。由于在西方，传统观念认为女士着裙装要比裤装更为正式，因而西装套裙对女性来讲显然要比西装配裤装更正式。

（一）西装套裙的选择

由于西装套裙借鉴于男士西装，因而在选择时与男士西装有许多共通之处，但因女性的特性又有所不同，具体应该注意以下几点。

1. 面料

与男士西装相近，尽量选择天然垂坠感好的面料，羊毛料、丝绸等

学习笔记

都是不错的选择，一般上下装的面料是一致的，但应避免在正式场合穿着皮质或仿皮质的套裙。

2. 颜色

相较于男士正式西装，女士西装套裙颜色的选择范围更广。但正式场合，仍要避免较为花哨的颜色，尽量选择清新、庄重、典雅的色彩和图案。可上下装同色或对比色，但要注意和谐统一、简洁大方。

3. 合体

合体是选择西装套裙最重要的因素之一，避免穿着宽大松垮或紧身短小的套裙。正式场合裙长不宜过短，一般在膝盖上下1~2厘米内为宜。

（二）西装套裙的穿着

作为正式场合常用的服饰，西装套裙的穿着也有它的礼仪规范，其中很多都与西装穿着礼仪相近。

1. 内衣

在穿着西装套裙时，由于服饰合体程度较高，应尽量选择大小合适、无痕效果的内衣。同时应穿着与所着衬衫颜色相近或肉色的内衣，避免出现内衣外露的尴尬情况。

2. 衬衫

女士西装套裙款式很多，有些是需要和男士西装一样搭配衬衫穿着的。这时要注意衬衫质地颜色的选择，衬衫应选择平整挺括的面料，颜色以白色或单色为首选。还要考虑与西装套裙上衣颜色和面料上的搭配。

3. 鞋袜

穿着西装套裙时，可依据季节、套裙的质地、颜色、款式选择合适的鞋子搭配。多以皮鞋为首选，鞋跟高度的选择要考虑身高、比例、裙长等因素，但很少搭配平底鞋。

套裙内应搭配连裤袜或长筒丝袜，切忌袜口暴露于外，裙子的下摆应遮住袜口，避免失礼。颜色依据肤色尽量选择贴合肌肤颜色的袜子，尽量避免彩色，更忌讳有花纹或图案。要注意保持袜子完好无损，出现破损要及时更换。

学习笔记

任务检测

小琴和小贝作为政务导游时，着装应注意些什么？

任务 4　导游饰品佩戴礼仪

任务导入

刚刚工作的小琴是个爱美的姑娘，大学几年积攒了许多漂亮的饰品。如今她成为一名导游，她开始苦恼这些饰品是不是不可以佩戴了。

任务思考

1. 小琴作为导游可以佩戴饰品吗？
2. 小琴应如何搭配这些饰品呢？

任务学习

导游作为旅游接待人员，在佩戴饰品时，既要考虑职业形象、特点，也要考虑其他客观因素。

一、导游饰品佩戴的基本要求

根据导游的职业特点和形象要求，在佩戴饰品时应注意以下要求。

（一）款式应简洁大方，避免夸张、累赘

导游工作面向的是游客，又经常是在户外工作，穿着以简洁轻便为主，饰品款式也应选择简洁大方的。避免造型夸张、繁复累赘的首饰，例如较大或较长的耳坠等。

（二）数量以少为宜

导游在佩戴饰品时，除了要注意款式外，还要尽量精简数量，少量

学习笔记

佩戴。以免造成工作中需要耗费更多的精力来搭配饰品，同时也更符合导游干练专业的职业形象。

（三）尽量不要佩戴有特定含义的饰品

作为旅游接待人员，游客的文化、家庭背景不尽相同，在佩戴饰品时，应注意不要佩戴一些带有特殊含义的饰品，引发误会。例如，做成十字架形态的饰品可能就会引起一些外国游客的误解。

二、导游饰品佩戴的基本原则

在日常生活中，为了美观且合礼，饰品的佩戴也要遵循以下基本原则。

（一）根据时间、场合、身份、服饰选择饰品

与服装相类似，在选择饰品时也要考虑上述客观因素，才能佩戴得体。比如，白天工作时饰品的选择应尽量小而精，而晚间朋友相聚则可以根据服饰选择更加个性的饰品。

（二）应根据自身条件选择饰品

饰品的搭配还应考虑佩戴者自身的条件，例如戴发饰要区分长发和短发；选其他饰品时应注意佩戴者的脸型、性格、年龄、发型等构成的量感。

（三）饰品应同色、同质

在佩戴饰品时，应尽量选择相同质地的首饰，如果实在做不到同质，也要保证同色，才能协调统一。同时，在选择饰品质地、色彩时应综合考虑肤色、服饰和场合。

（四）饰品的数量控制在三件以内

在佩戴饰品时，数量不宜过多，通常控制在三件以内。

任务检测

学习笔记

1. 小琴今天带团去博物馆游览，下列哪些饰品是可以佩戴的：

A. 小巧的素银耳钉　　B. 流苏式样的耳坠

C. 大颗珍珠的耳饰　　D. 单颗小粒钻石的白金项链

E. 骷髅图案的个性项链　　F. 华丽的宝石项链

G. 白金戒指　　H. 黄金手镯

I. 手表

2. 如果你是小琴，你会选择什么样的饰品来佩戴？

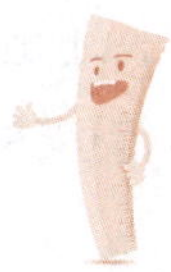

项目小结

作为旅游接待人员，应注重仪表着装礼仪，要学会依据不同的场合进行着装搭配，特别是要了解工作场合下着装的规范要求。

项目练习

扫描二维码检测项目学习情况。

学习笔记

项目三 导游仪态礼仪规范

项目综述

作为旅游接待人员，导游的一言一行都需要格外注意。无论在讲解时，还是日常服务工作中，导游的基本仪态、手势、目光等都应该向游客传达热情周到、阳光健康的形象。

内容结构图

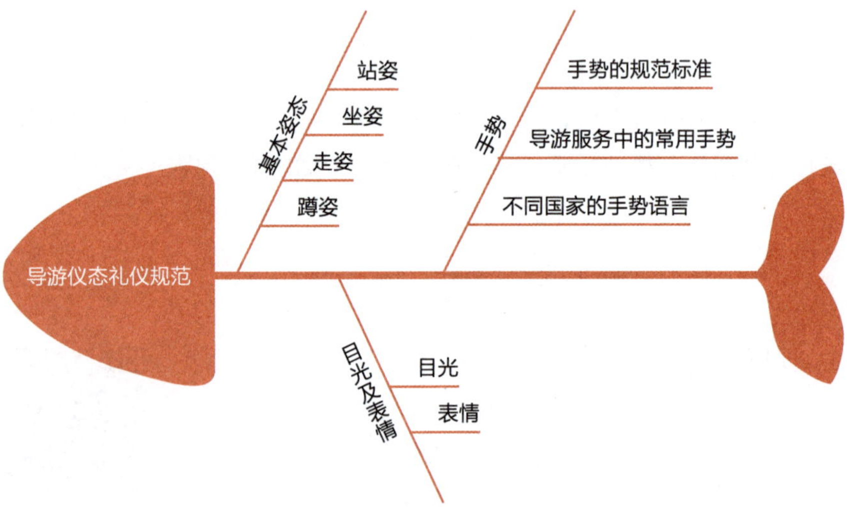

学习目标

知识目标	能力目标	素质目标
了解导游日常工作时的仪态礼仪规范。	能够优雅地站坐、行走，合礼地运用目光表情，合适地使用手势。	明确职业形象也是职业素养的重要组成部分。

学习笔记

案例导入

某旅游公司的客户接待室来了两个咨询旅游线路的游客，她们刚想开口咨询，却又眉头紧锁，好像对眼前的情景不是很满意，三张办公桌上的业务员都是东倒西歪的样子，有的斜靠在桌前看报纸，有的半躺在椅子里接电话，有的用双手托着下巴、胳膊支在桌上聊天，游客相互交换了一下眼神，一起退出了这家旅游公司的接待室。

案例解析

仪态即一个人的举止姿态，包括站立的姿态、走路的步态、说话的声音、面部的表情以及所运用的手势。仪态体姿比相貌更能表现人的精神气质，不同的举止姿态代表着一个人对特定事物的不同态度。正所谓“小节之处见精神，言谈举止见文化。”

思考

前来咨询的游客突然打“退堂鼓”的原因是什么?

任务 1 基本姿态

任务导入

小贝第一次独立带团，为了给游客留下好印象，他特意精心收拾打扮，早早地到车站等候。但游客一出站看到小贝时，留下的印象却是小贝看起来是一个不靠谱的导游，甚至还有人向旅行社建议更换导游。后来才知道，原来是小贝的站姿给大家留下了不太好的第一印象。

学习笔记

任务思考

1. 你觉得小贝的站姿可能是怎样的?
2. 你觉得什么样的站姿才能给人留下较好的印象?

任务学习

中国人常常形容好的姿态为:“站如松,坐如钟,走如风。”

一、站姿

(一)标准站姿的基本要求

“站如松”,即头、颈、躯干、脚的纵轴在同一垂线上,挺胸、收腹、梗颈;同时注意肌肉张弛的协调性,挺胸立腰沉肩,两肩和手臂的肌肉放松,呼吸自然。

站姿

(二)站姿的具体姿态

1. 通用站姿——侧放式站姿

侧放式站姿(图2-1)即手位为双手放于腿部两侧,手指自然弯曲,脚位为脚掌分开呈“V”字形,脚跟靠拢,双膝并拢。该站姿是男女通用的站姿,用于比较庄严肃穆的场合,如召开集会、升国旗等。

图2-1 侧放式站姿

学习笔记

2. **男士站姿**

（1）手位　叉手式——两手在体前交叉，右手搭在左手手腕上，左手微微握拳，上体直立，双臂自然下垂（图2-2）。

图2-2　男士站姿

男士站姿

（2）脚位。

①V字形：脚掌分开呈“V”字形，脚跟靠拢，双膝并拢。

②开立：双脚微微平行分开，距离不要超过肩膀宽度。

3. **女士站姿**

（1）手位。

①前腹式：双手在腹前交叉，右手轻握左手，虎口相对，贴在小腹部约肚脐的位置（图2-3）。

图2-3　前腹式站姿

前腹式站姿

学习笔记

②交叠式：双手上下交叠相握，虎口相对，居中置于小腹部肚脐位置。

（2）脚位。

①V字形：脚掌分开呈“V”字形，脚跟靠拢，双膝并拢。

②丁字：即双膝并拢，一脚在前，将脚跟靠于另一只脚内侧偏后位置，两脚尖向外展开30°~60°角，形成一个斜的小“丁”字。

（三）站姿的训练方法

“七点相靠法”，即双脚并拢、大腿内侧收紧、收腹挺胸、打开双肩、双臂自然下垂、抬头微收下颌，将双脚后跟、臀部两点、两侧肩胛骨以及枕骨贴在墙上，每天练习时间不少于15分钟。

二、坐姿

（一）标准坐姿的基本要求

上体自然挺直，肩部放松，胸部微挺，下颌微收，目光平视，嘴唇微闭，面带笑容。

坐姿　不良坐姿的危害

（二）坐姿的具体姿态

1. 男士坐姿

（1）手位　双手可以五指并拢分别放在大腿上。

（2）脚位。

①两腿分开，不超肩宽，两脚平行，小腿与地面呈垂直状的姿态（图2-4）。

②两腿分开，一前一后，两脚呈在同一条直线上的姿态（图2-5）。

图2-4　男士坐姿①

图2-5　男士坐姿②

学习笔记

2. 女士坐姿

（1）手位　双手可以五指并拢叠放，置于两腿大腿中间的位置，如果穿着短裙时则可以顺势将双手叠放在裙摆上。

女士坐姿

（2）脚位。

①双腿并拢，双脚呈一前一后小“丁”字（图2–6）。

②两脚并拢侧向一侧，两脚脚掌着地，脚跟提起，两膝始终相靠（图2–7）。

③双腿膝部交叉，一上一下交叠在一起，双腿同时斜放于一侧，腿部和地面约呈45°，叠放于上面的脚尖内收，垂向地面（图2–8）。

图2–6　女士坐姿①

图2–7　女士坐姿②

图2–8　女士坐姿③

3. 动态要领

男士与女士在入座、落座、离座时的动作要领是一致的，只是男士在动作完成的幅度上可以略大于女士。

（1）入座　多数情况下应从坐具的左侧入座，注意两腿不应有大幅度的分开动作；然后右脚后撤，使右腿轻轻倚靠到椅子的边缘；随后屈膝屈髋慢慢坐下。女士若着裙装，此时应有搂裙的动作，保证服饰平整。在全过程中都应保持上身的直立和身体的重心，特别注意不要低头。

（2）落座　落座时，应坐坐具的三分之二或者二分之一；上体挺直、目光平视、面带微笑，并注意选择适宜的坐姿。

（3）离座　起身离座时，动作也一定要轻缓，避免弄响座椅。起坐

学习笔记

时，双手扶在椅面两侧，上体保持直立，伸髋伸膝起来，并保持身体的重心，站定后方可离开。避免起身就走，太过匆忙，有失稳重。

（三）坐姿的训练方法

在练习坐姿的过程中，为避免上体随意晃动、俯身等动作的出现。可将书本等有一定重量且能保持平衡的物品顶于头部进行练习。

三、走姿

（一）走姿的基本要求

1. 基本姿态

走姿

目光平视前方，头正，颈直，下颌微收。双肩平直下沉，挺胸收腹，立腰。手臂自然伸直，手指微微握拳或自然弯曲，以肩关节为轴前后摆臂，幅度与步幅相匹配。提髋，屈大腿带动小腿向前迈步，身体微微前倾，重心放在前脚掌上，落地平稳轻盈，膝盖迈步时弯曲，落地后伸直。

2. 走姿要素

走路时，除了要注意身体的基本姿态外，还应注意以下几个要素。

（1）步幅　也称步度，是指当走路时，迈出一步两脚间的距离。步幅的大小一般与人的身高腿长相关，成年人的步幅通常在65厘米左右。在与他人共同行进时，要注意尽量调整到与他人相近的步幅。特别对于导游人员，在引导游客进行游览时，更要注意观察大多数游客的步幅，以便使游览过程更加顺畅。

（2）步速　即行走的速度。相对稳定、匀速地步速，能够带给人以沉着优雅的感受。通常成年男性的步速为每分钟108~110步，成年女性的步速为每分钟118~120步。在与人同行时，和步幅同理，也要照顾到同行人的步速为宜。

（3）步位　即走路时两脚落地的位置和方向。优雅的走姿应保持步位在一条直线上，避免出现外八字型、内八字型等错误的步位。

（二）走姿的训练方法

在训练走姿时，最好可以使用形体训练室或在训练者前方放置一面全身镜，以便训练者可以随时观察到自己在行进过程中的仪态。同时，可以配合使用书籍等重量适度的物品放置在头顶，以保持行进中训练者能坚持头正，颈直，肩沉，躯干不随意摆动，步态平稳。

学习笔记

（三）避免出现的走姿

1. 横冲直撞，累及他人

在行走时，避免出现横冲直撞，完全不顾及他人的情况。轻者会与他人产生不必要的矛盾，重者可能会伤及他人。

2. 跑跳打闹，互相追赶

游览时，人们常常心情愉悦，气氛轻松热烈。即便如此，作为导游人员也要避免和游客在行进中跑跳打闹，互相追赶的情况出现。既不符合导游的形象，同时也容易惊扰其他人。

3. 阻挡道路，争先抢行

在行进时，要注意观察道路情况，避免出现阻挡道路、影响通行的情况。同时，还要注意遵守秩序，避免争先恐后，不讲次序，甚至出现违反交通法规，不按交通道路标志和规范行进的情况。

4. 摇头晃脑，尾随他人

在行进时，避免出现摇头晃脑、扭腰、踢腿等动作，注重个人形象。同时，在与游客相处时，避免出现为了满足好奇心尾随他人的情况。

四、蹲姿

蹲姿

（一）标准蹲姿的要求

蹲姿的基本要求是：双腿靠紧，臀部向下。

1. 高低式蹲姿

高低式蹲姿（图2-9）是男女通用且最常用的蹲姿，它的基本特征是：双膝一高一低。下蹲时，一脚在前，完全着地，小腿垂直于地面；另一只脚在后，脚掌着地，脚跟提起。此时，较低一侧的

图2-9　高低式蹲姿

高低式蹲姿

学习笔记

膝盖可靠于较高一侧的小腿内侧，臀部向下，重心基本放在完全着地的一条腿上。

2. 交叉式蹲姿

交叉式蹲姿（图2-10）通常为女士所选用的蹲姿，特别适宜穿着短裙时使用，姿态较为优美，但较难掌握。它的基本特征是：蹲下之后双腿交叉在一起。下蹲时，一脚在前，小腿垂直于地面，完全着地，大腿在上；另一只脚在后，大腿在下，膝盖由后下方伸向对面，脚掌着地，脚跟提起。两腿前后靠近，合力支撑身体；上身略向前倾，臀部向下。

图2-10 交叉式蹲姿

交叉式蹲姿

3. 半蹲式蹲姿

半蹲式蹲姿多用于行进之中临时采用。它的基本特征是：身体半立半蹲。在下蹲时，上身微曲，但切忌与下肢形成直角或锐角。臀部向下，双膝微曲，大小腿之间成钝角。身体重心放在一条腿上，双腿不可分开过大，尽量靠紧。

4. 半跪式蹲姿

半跪式蹲姿又称单跪式蹲姿，多用于下蹲时间较长，或蹲下后需用力的情况。它的基本特征是：双腿一蹲一跪。下蹲时，一腿单膝点地，臀部落在脚跟之上，脚尖着地；另一侧全脚着地，小腿垂直于地面。

（二）蹲姿的注意事项

作为导游人员，在与游客相处时使用蹲姿，还应注意以下几点。

1. 避免突然下蹲

在下蹲时，速度应放缓，避免出现突然下蹲，尤其是在行进过程中，容易使他人受到惊吓甚至发生事故。

2. 避免与人相距过近

在下蹲前，注意观察周围情况，应与身边人保持一定的距离，避免“迎头相撞”。

3. 避免错误方位

下蹲时，尽量保持与他人侧身相向，避免正对或背对他人下蹲。

4. 避免毫无遮掩

下蹲时，应尽量双腿靠紧，切忌毫无遮拦的双膝大开。

5. 避免蹲在座椅上

除部分地区有“椅子不坐蹲起来”的习俗，可根据场合“入乡随俗”外。通常情况下，作为导游人员，要避免出现蹲在座椅上、甚至桌子上等不雅举动。

学习笔记

任务检测

以小组形式进行模拟面试，依据下面的表格为个人仪态评分。

举止动作	得分项	分值	实际得分
走姿	身体姿态	6	
	步位	3	
	摆臂	3	
	步幅	3	
	步速	3	
	目光微笑	3	
鞠躬问候	脚位	3	
	手位	3	
	身体姿态	3	
	问候时机	3	
	鞠躬动作	3	
	鞠躬度数	3	
	目光	3	
	微笑	2	

学习笔记

续表

举止动作	得分项	分值	实际得分
站姿	脚位	3	
	手位	3	
	身体姿态	6	
	目光微笑	2	
自我介绍	语言能力	3	
	流畅度	3	
	身体姿态	6	
	目光	4	
	微笑	2	
坐姿	入座步态	3	
	入座动作	3	
	坐姿脚位	3	
	坐姿手位	3	
	坐姿身体姿态	3	
	扶座站起	3	
	离座动作	3	
	目光微笑	3	
总分		100	

任务 2　目光及表情

任务导入

小琴的第一次带团经历不是特别顺利，游客反馈说她总是冷冰冰地，态度不好，也不热情。小琴觉得有点委屈，自己一路上兢兢业业地不敢有半点疏忽，为什么游客会有这种印象呢？

任务思考

学习笔记

你觉得问题可能会出在哪里呢?

任务学习

美国著名的心理学家艾伯特·梅拉比安有一个著名的公式：传递信息的总效果（感情的表达）=7%的语言+38%的声音+55%的表情。而以研究体态语言闻名的伯德惠斯特尔也曾得出了类似的结论，他认为，两人交往时有65%的感情表达是用非语言符号传递的。由此我们可以看出，目光、表情、手势等非语言形式的体态语言在人与人的交往中发挥着重要的作用。

一、目光

“眉目传情”“暗送秋波”“慈眉善目”，从这些成语中，我们就能体会到目光在体态语中的重要性，作为导游人员，在工作中要注重与游客之间的目光交流，在导游讲解中，更是要通过目光来更加准确地传达情感和讯息。在使用目光时，要注意以下几点。

目光

（一）注视的区域

在运用目光注视他人时，要注意注视的区域。当与游客面对面交谈时，目光应停留在游客的双眼与嘴唇之间的三角区域内。避免盯住对方头顶、胸部、脚部等身体其他部位，引起不必要的误会，也会使自身职业形象受损。

目光注视的部位

导游在进行讲解时，除要注视每位游客时保持上述区域外，还要注意关注到所有游客的区域范围。特别是在讲解开始前，应环视所有游客，以提示大家讲解即将开始。

（二）注视的角度

在与游客进行交流时，既方便沟通，又不至于引起服务对象误解的视角有以下三种。

目光注视的角度

学习笔记

1. 正视对方

正视，即在注视他人时，与之正面相向。正视别人，是做人的一种基本礼貌，以示重视对方。斜着眼睛、扭过头去注视他人，或者偷偷注视别人，都难以表达此种含义。

2. 平视对方

平视，即在注视他人时，身体与对方处于相似的高度。平视与正视一般并不矛盾。因为在正视他人时，往往要求同时平视对方。在导游工作之中平视游客，可以说是一种常规要求。这样去做，可以表现出双方地位的平等与本人的不卑不亢。当自己就座时，看见游客或工作伙伴到来，要起身相迎。

3. 仰视和俯视对方

仰视，即在注视他人时，本人所处的具体位置较对方为低，而需要抬头向上仰望对方。如果自己注视他人时所处的具体位置较对方为高，而需要低头向下俯视对方，则称为俯视。在仰视他人时，可给予对方重视信任之感，因此作为导游人员在必要时可以仰视游客。俯视他人，则往往带有自负自大之意，或是对对方不屑一顾，引发不必要的误会，应避免使用。

（三）注视的时间

在注重注视区域及角度的同时，还要注意时间的把控。在人际交往过程中，目光接触的时间遵循7∶3原则，即70%的时间里保持目光接触，30%的时间不要进行目光接触。如果超过70%，则表示对对方人的兴趣可能大于谈话；如果低于30%，则表示对对方或对方交谈的话题不感兴趣。每次视线接触的时间，除关系十分亲密的人外，一般以注视对方一个地方3秒内较适宜。

目光注视的时间

二、表情

（一）基本规则

导游人员的工作是要使游客能够在旅游活动中获得愉悦。因而，作为导游，在工作时要注意管理好自己的表情，避免发生误解。

1. 表情体现谦恭

导游在面对游客时，待人谦恭与否，不仅从表情神态方面可以很直观地看出来，而且也备受游客的重视。因此，导游在工作之中务必使自己的表情神态于人恭敬、于己谦和。

2. 表情表达真诚

导游在面对游客时，还要表情自然得体，出自真心，体现诚意。只有这样，才能给游客留下表里如一、名副其实的感受。

3. 表情充满善意

在工作之中，对待任何游客或工作伙伴，除要以诚相待，还应以善相待。所谓“笑迎八方来客，广交四海朋友”，其实就是首先要求大家在服务之中要以友好的表情神态先行一步。

4. 表情运用适时

从大的方面来看，人的表情神态可以庄重、宽和，也可以活泼、俏皮。有时，还可以表示不满、气愤或悲伤。不论采用何种表情神态，作为导游都要切记表情要与现场的氛围与实际需要相符合。这就是所谓表情运用适时。比如，当游客心情低落时，对其笑脸相迎，可能反而会引起对方不适或不满。

（二）微笑

笑容有许多种类，作为导游，无论采取哪种笑容，都应出自本心，避免出现“皮笑肉不笑”假笑式的“职业笑容”。而微笑之所以成为广大服务人员在工作时的首选笑容的类型，主要是源自于它的神奇作用。

1. 微笑的作用

（1）调节自身情绪　情绪是人们对于自己周围事物的一种内心感受的体验。它能改变一个人的处世态度，并且具有相当的感染力。微笑是一种积极、乐观的情绪的体现。作为导游，在工作时以微笑面对游客，既可以创造出一种和谐融洽的现场气氛，又可以感染游客，使其倍感愉快和温暖，并在一定程度上驱散其烦恼或忧郁。

（2）消除彼此隔阂　在导游服务工作中，导游和游客之间可能会因为各种各样的原因产生隔阂。而这时，微笑就起到了桥梁的作用。“举手不打笑脸人”“一笑泯恩仇”，这些话都体现了微笑在人际交往中能够化干戈为玉帛的作用。在一般情况下，当导游与游客之间产生纠葛时，导游如果能以微笑面对游客，往往便不会进一步激化矛盾。甚至某些时候，这样做还可以使双方的矛盾或误解冰消雪融。

学习笔记

（3）获得工作快感　在导游服务工作中，微笑是导游与游客交往中的润滑剂。心理学家指出：微笑多在交往双方初次面对面地接触时出现。它是人们领会得最快最好的一种情感，其普遍的含义是：接纳对方、热情友善。因此它是人际交往的最佳入场券，最易于得到交往对象的认同、喜欢与回报。在一般情况之下，导游在工作中如果能始终面含微笑，以微笑开始，以微笑结束，则必然会使游客心情愉悦，获得良好的服务效果，游客的认同也会让导游获得工作的快感。

（4）有益身心健康　对于导游个人而言，微笑不仅可以悦人，同时也是益己的。微笑对于自己最大的好处，是其可在为自己营造良好人际关系的同时，促进个人的身心健康。人们经常讲："笑一笑，十年少。愁一愁，白了头。"它所说的就是微笑有助于健康的这种作用。笑口常开的人，往往会给自己心理暗示，并产生积极反馈，使自己更开心快乐。

2. 微笑的要领

微笑的主要特征是：面含笑意，但较为含蓄内敛。所谓笑不露齿，更不会笑出声音。微笑前，首先要放松自己的面部肌肉，然后使自己的嘴角微微向上翘起，让嘴唇略呈弧形，同时配合使用亲切、真诚带有笑意的目光。神态舒展，表情自然，情感真挚。

3. 微笑的训练方法

真正的微笑应该是内心活动的自然流露，要透露出对交往对象的真诚、善意，要有情感的传递。因而在进行微笑训练时，应从服务意识方面着手，重视游客感受，培养共情能力。

同时，在表情管理方面，可尝试对镜练习，帮助自身感受微笑的姿态和作用，有助于工作中表情的运用。

任务检测

以小组形式进行导游讲解情境模拟，成员分别扮演游客及导游，"游客"依据运用规范对"导游"的目光和表情进行评价。

任务3 手势

学习笔记

任务导入

刚刚完成了一处景点的参观，团友们陆陆续续回到了大巴车上。快要到出发的时间了，导游小贝想清点一下人数。但是游客们好多还没有回到座位上，有些混乱，为避免数错，小贝伸出食指在半空中轻点，想要逐一数清有多少人。

任务思考

1. 小贝这样的方式清点人数可取吗？
2. 如果你是小贝你会如何做呢？

任务学习

出国旅行时常常会遇到这样的情况，与外国人的沟通中，双方可能语言不通，但单纯靠手势表达居然也能做简单的沟通。由此可见，手势在人际交往中的重要作用。作为导游，如何在工作中恰当地使用手势，也显得尤为重要。

一、手势的规范标准

在使用手势指示方向时，无论具体哪种手势，基本姿态都是一致的。手势的规范标准应为：五指伸直并拢，掌心向斜上方，腕关节伸直，手与前臂形成直线，部分手势以肘关节为轴弯曲。肘关节既不要成90°直角，也不要完全伸直，弯曲140°左右，手掌与地面基本上成45°。需要注意的是，当指示的对象为人时，切忌用手指指人，同时应用右手指示，避免用左手。

手势

在使用此类手势时，双脚可成“V”字或双脚并紧；女士双脚可成小“丁”字步；切忌双脚岔开站立。目视沟通对象，面带微笑。

二、导游服务中的常用手势

在导游讲解中所使用的手势，除少部分辅助表达特定含义的手势

学习笔记

外，大多都是用来指示方向或者物品的。这时，手势的姿态应遵循规范标准，具体方向、高度根据所指位置来决定。除此之外，在导游服务过程中，还会使用各类接待手势。

（一）横摆式

横摆式（图2–11）是导游讲解中指示事物或在引导时常用的手势。使用横摆式时，以右臂为例，以肩带动手臂从腹前抬起，以肘关节为轴轻缓地向右摆出，到身体右前方停住，左手下垂，反方向同理。

图2–11 横摆式

横摆式

（二）直臂式

直臂式（图2–12）是一种用以指引方向的手势。动作要领为手臂曲肘由体侧抬起，手到肩的高度时，向要行进的方向伸出前臂，肘关节不能完全伸直。

图2–12 直臂式

直臂式

学习笔记

（三）前摆式

前摆式（图2–13）是当一只手拿着东西或扶着电梯门或房门时，另一只手做出的谦让的手势。以右臂为例，右臂从身体的侧前方向上抬起，至上臂离开身体的高度，然后以肘关节为轴，手臂由体侧向体前摆动，摆到手与身体相距20厘米处停止，反方向同理。

图2–13　前摆式

前摆式

（四）斜摆式

斜摆式（图2–14）是请人入座时，可采用的手势。右手曲臂由前抬起，再以肘关节为轴，前臂由上向下摆动，使手臂向下成一斜线，指向坐具。

图2–14　斜摆式

斜摆式

（五）双臂横摆式

双臂横摆式（图2–15）是在面向众多游客，表示欢迎或请大家就座

学习笔记

时采用的手势。动作要领是两手从体前抬起到胸的高度时，向身体两侧摆开，摆至身体侧前方，上身稍前倾。

图2-15 双臂横摆式

双臂横摆式

三、不同国家的手势语言

相同的手势在不同的国家和地区有着不同的甚至完全相反的意思。作为导游，应了解这些差异，避免出现误会和矛盾。

1. 招手

招手有两种方向：一种是伸出手，掌心向下摇动；另一种是掌心向上摇动。这两个招手的姿态，在不同地区的用法是不同的。

（1）中国和日本，招呼别人过来是伸出手，掌心向下摇动；如果反之则是唤狗的手势。

（2）在欧美国家，掌心向下摇动则是唤狗的手势。而招呼人过来的手势则是掌心向上，手指来回勾动。

2. 竖大拇指

（1）英国、澳大利亚、新西兰等 是旅游者示意搭车的手势，是一种善意的信号。

（2）意大利 当地人从1数到5时，用大拇指表示1，食指就成了2。西方人还用大拇指向下指表示“坏”或“差”。

（3）希腊 意思是要对方“滚蛋”。

（4）中国 通常指高度的称赞、夸奖、了不起、“老大”的意思。

（5）日本 表示“老爷子”。

学习笔记

3. “V”手势

（1）手心朝外的“V”手势　在中国，这个手势很多时候表示数字“二”，但现在也会表示成功、胜利。

实际这个含义来自欧美，第二次世界大战时，英国首相丘吉尔曾在一次演讲中伸出右手的食指和中指，构成“V”的手势来表示胜利。从此，这一手势就广为流传，凡遇庆祝胜利或成功时，人们都喜欢打这个手势。丘吉尔当时使用这一手势时是手心朝外。

（2）手背朝外的“V”手势　在英国、澳大利亚、新西兰等地所表示的意思是伤风败俗，是一种污辱人的信号。

在希腊，使用“V”手势时，千万不要把胳膊伸得太长，否则就是对人不恭的表现了。

4. 圆圈

指用大拇指和食指构成一个圆圈，再伸出其他三个手指的手势。

（1）美国及大多数欧洲国家　表示“OK”，是赞扬或允诺的意思。这一手势起源于美国，在欧洲也被普遍采用，在学生中间更为流行，潜水员在水下也常常使用。

（2）法国南部　这里的葡萄园工人在向客人斟献葡萄酒时，要是看到客人有这样的手势，他马上会露出不悦之色，因为这一手势在那里不是夸耀酒的醇美，而是表示劣等品的意思。

（3）希腊、撒丁岛等地　这一手势的意思是一句无声而恶毒的骂人话。

（4）日本　这个手势是表示钱的意思。

（5）巴西　这个手势是引诱女人或侮辱男人的意思。

（6）中国　这个手势是零的意思，现在有时也会表示“OK”。

5. 搔头皮

有些人初次遇到较正式的场面或没有思想准备而出现在一些人面前时，往往有点不知所措，不由自主地会用手去搔头皮。这种下意识的手势反映了人的窘迫心理。

在中国这种手势是表示为难的意思，在日本是表示愤怒，在西方大多数国家表示不懂或不理解，示意对方重新予以解释。

6. 表示WC的手势

日本人用大拇指与食指组成一个有缺口的圆形、其余三个手指张开表示WC，向伙伴示意，表示上厕所的意思。

学习笔记

7. 敲额头

(1) 德国　人们常常喜欢用食指敲敲额头，以表示某人的思想或行为不正常。

(2) 荷兰　用食指敲敲额头，你越敲他越高兴，因为荷兰人认为敲额头是表示赞扬他很有头脑的意思。

8. 四指压着大拇指的拳头状

在德国，人们喜欢用其他四指压着大拇指这种拳头状的动作来表示祝愿某人幸福或成功。

9. 手指放在喉咙上

(1) 俄罗斯　把手指放在喉咙上表示“吃饱”。

(2) 日本　做这个动作则表示被人家“炒了鱿鱼”。

10. 鼓掌

日本人和欧洲人同样鼓掌，其意思各不相同。日本人鼓掌时用手指击拍，表示欢迎。在英国看戏或听音乐会，如果也是这样鼓掌，则意味着演出不受欢迎，演员最好还是及早退场。

11. 双手举至头部，掌心向前

在英、美等国的公共场所演讲，演讲人要想使听众保持安静，就得将双手举至头部，掌心向着观众，可是这种手势要是在希腊照样做，那就会被人们认为是投降的姿势。

12. 摸胡子

有些人在得意时可能会摸自己的胡须，但是，如果在希腊、南意大利和南撒丁岛得意时摸摸胡须，那么是要吃亏的。例如，在主人请吃饭时，看到这个动作就不会给你斟酒，因为这个动作，在那里表示“够了，我不要了”的意思。

13. 点头、摇头

点头表示肯定，摇头表示否定，世界上多数国家如此，但也有不少国家例外。

意大利那不勒斯人表示否定不是摇头，而是把脑袋向后一仰；若是表示强烈的否定，还会用手指敲敲下巴来配合。

有些地方，如印度、希腊、土耳其、伊朗和孟加拉国等国的部分地区，摇头则表示肯定的意思，即点头不算摇头算。在德国，摇头的动作要是频率缓慢，就表示犹豫不决；而不停地摇头则表示否定。

14. 用食指扒自己的下眼皮

(1) 意大利　提醒某人会有某些危险。

（2）英国 他们干的某件事情被人看穿了。

（3）拉丁美洲 会把这一动作看成殷勤的、客气的表示。

（4）英国 认为做这个动作的人绝不是一个正派人物。

在社交和工作中，应当注意自己的手势，不可乱用，宁缺毋滥。接待新的客人应格外留神，最好事先了解清楚客人家乡的风俗习惯与忌讳事项，因为万一搞错，便会产生误会，甚至会酿成大错。

学习笔记

任务检测

使用恰当的手势完成一段导游讲解。

项目小结

作为旅游接待人员，应在工作中注重自己的仪态。一方面应保持优雅的行为举止，另一方面，也要注意目光、微笑和手势的运用。

项目练习

扫描二维码检测项目学习情况。

模块三

学会沟通交往

内容结构图

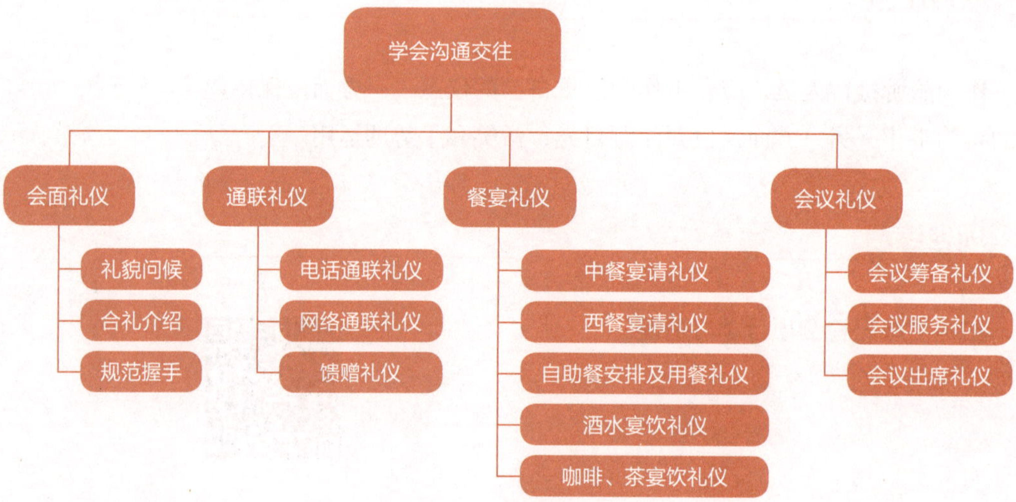

导游工作中的沟通交往

旅游活动具有社会性，而游客在活动中购买的服务本身也都是由人与人之间的沟通来完成的。所以，导游与游客之间的这种交际活动的成败，在一定程度上，将影响到旅游活动的成败。

项目一　会面礼仪

学习笔记

项目综述

作为导游，在旅游活动中，多数时间里都要和游客进行面对面的语言沟通交流。这时，如何恰当地进行沟通就显得尤为重要。

内容结构图

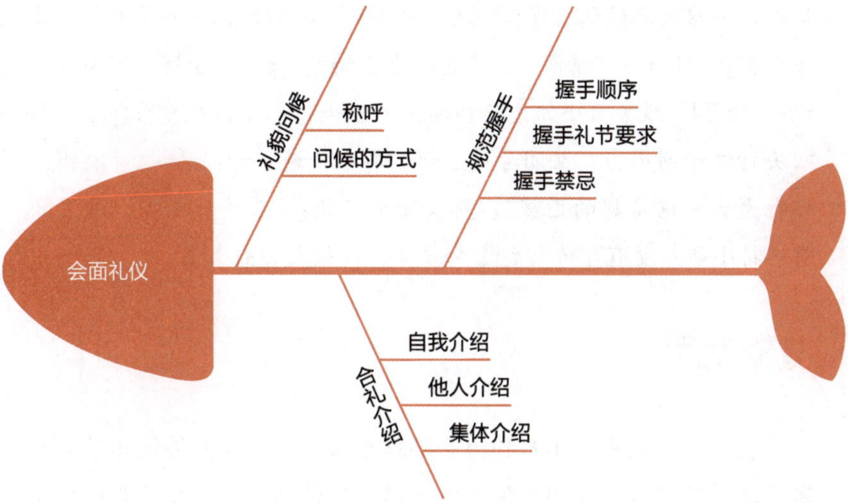

学习目标

知识目标	能力目标	素质目标
熟悉会面时应遵守的礼仪规范。	能够在与人会面时得体合礼。	能够在日常交往中尊重他人。

学习笔记

案例导入

小张是名外语导游，有天他发现来自英国的旅游团里有位客人过生日，按照惯例，他决定为她购买一个生日蛋糕。他来到入住酒店的餐厅，对服务员小姐说："小姐，您好，我要为一位外国朋友订一份生日蛋糕，同时打一份贺卡，您看可以吗？"小姐接过订单一看，忙说："对不起，请问先生，您的朋友是小姐还是太太？"小张也没有认真阅读游客信息，不知道她结婚没有，他为难地抓了抓后脑勺想想，说："小姐？太太？一大把岁数了，是太太。"生日蛋糕做好后，服务员小姐按地址到酒店客房送生日蛋糕。敲门后，一女子开门，服务员有礼貌地说："请问，您是怀特太太吗？"女子愣了愣，不高兴地说："错了！"服务员小姐丈二和尚摸不着头脑，抬头看看门牌号，再回头打电话问小张，房间号码没错。再敲一遍，开门后说，"没错，怀特太太，这是您的蛋糕"。那女子大声说："告诉你错了，这里只有怀特小姐，没有怀特太太！"啪一声，门被大力关上了。

案例解析

在这个案例中，小张作为导游服务人员，没有能够认真了解游客信息，不应只凭猜测提供给酒店错误的信息，使得服务员称呼客人"太太"。在西方，"女士"是对成年女性的通称，一般冠以她自己而非丈夫的姓名；"夫人""太太"是称呼已婚女性，冠以丈夫的姓名或丈夫的姓以及她自己的名；已离婚的妇女可冠以她自己的姓名或前夫的姓以及她自己的名，而不能仅用前夫的姓；成年而未婚的女子称"小姐"，冠以她自己的姓名；而对于不了解其婚姻状况的女子可泛称"小姐"或"女士"，已婚的女性被别人称作"小姐"时，会愉快地接受这一"误称"。这些称呼之前也可以冠以职称、头衔。

思考

在称呼他人前需要考虑哪些因素？

任务1　礼貌问候

学习笔记

任务导入

小贝带着游客去剧场观看话剧演出，进入剧场后，他看到另一位同事也带团来观看演出。于是小贝挥着手，大声和同事打招呼，引来了周围人的侧目。

任务思考

1. 小贝的举动合礼吗？
2. 如果是你会怎么做？

任务学习

问候，通常又称问好或打招呼。它主要适用于人们在公共场所里相见时，向对方询问安好、致以敬意，或者表达关切之意。作为导游，在与游客交往过程中，应为主动交际一方，因而，当遇到游客时也要主动问候，并且合礼问候。

一、称呼

问候他人时，首先要考虑称呼，它是指人们在交往过程中对彼此的称谓语。得体的称呼，不仅能体现出称呼者的文化素养和礼仪修养，更能使对方感到愉快、亲切，使得双方沟通更为融洽，因此称呼可以说是问候时的“敲门砖”。

（一）称呼的类别

1. 一般称呼

一般称呼又称为泛尊称，适用于各类社交场合。例如，男士被称为“先生”，女士的泛尊称更多，已婚女士可称为“夫人”，未婚女士可称为“女士”“小姐”等。不过，对于学问高深，十分受人尊敬的女士，有时我们也会以“先生”来尊称，大抵与我国古代尊称授业恩师为先生有关。

在泛尊称前可冠以姓氏、姓名、职称、头衔、学位等使用。

学习笔记

2. 职务称呼

在工作场合中，常常会以工作中的职务来进行称呼，表示对其身份的尊重和敬意，是该场合中最常用的称呼方式。例如，称呼对方为“经理”“总经理”“总监”等。

此类称呼前可冠以姓氏、姓名来使用。

3. 职业称呼

在工作场合中，对于某些行业的从业人员，也常常会以职业来称呼他们。例如，旅游行业就常会以“导游”来称呼，还有“老师”“医生”等。

此类称呼前可冠以姓氏、姓名来使用。

4. 职衔称呼

在导游工作场合中，如果交往对象无职位较高的职务，但拥有较高的专业技术职称、某些职衔，或者对方更加在意职称、职衔，也可以用以称呼他人。

英国、德国等国家对于学术性职称和职衔非常在意，因而如果对方拥有引以为傲的职衔、职称，首选称呼。

5. 姓名称呼

通常用于熟人之间的称呼，可依据情况，直呼姓名、在姓氏前冠以“老”“小”“大”等或者直接称呼名字。

6. 其他称呼

除上述称呼类型外，我们通常还会依据关系、年龄、辈分等有其他的称呼。例如，对于关系十分亲密的人，有时会以爱称或小名称呼；对于亲属或者邻居，会以关系、年龄、辈分称呼，比如“张大妈”“李哥”等；有时还会尊称年纪较大的人为“老”，前面常常冠以姓氏，比如“王老”。

（二）称呼的使用

在称呼他人时，主要考虑以下几个因素。

1. 称呼的对象

在称呼他人前，首先就要考虑称呼对象的具体情况，包括双方的关系、身份、地位、民族、宗教、年龄、性别等，还要考虑场合的不同，慎重选择合适的称呼。

2. 称呼的习惯

导游在日常工作中，交往的对象来自五湖四海、各行各业，在称呼时要对于对方的语言习惯、文化层次、地方风俗等因素进行综合考虑。

比如，“小姐”这个泛尊称，在国际交往中常常会使用，但在我国，这一称呼往往不是大多数人所愿意听到的。

“爱人”这个称呼，在我国，常被用来称呼丈夫、妻子。但对于西方国家的人而言，这个称呼有第三者的意味，不建议使用。

3. 称呼的主次

当面对多位交往对象时，称呼对方应当“面面俱到”，切勿只对其中几位有所青睐，而对其他人则有所疏忽，这样是十分不礼貌的。

同时，在此时，还讲究主次分明、由主至次、依次进行。一般遵循由尊而卑、由近而远的原则。

（三）称呼的禁忌

1. 错误的称呼

在称呼他人前，一定要对称呼的准确性再三确认。例如，对于比较少见的姓氏，或者姓名中的字不准确认识的，应提前做好准备，必要时主动询问对方，切不可不懂装懂。

2. 不雅的称呼

一些不雅的称呼，特别是含有侮辱或歧视的称呼不能使用。

比如某些不恰当的职业称呼，“民工”“出大力的”等；针对他人缺点或者残疾的外号，“眼镜”“拐子”“大头”“瘦猴”等。

3. 世俗的称呼

在工作场合，一些世俗的称呼应避免出现。比如“美女”“帅哥”，或者逢人便称呼“老板”等。

二、问候的方式

根据场合、时间、地点、对象的不同，问候的方式也不仅仅局限于语言致意的方式，主要包括以下几种。

（一）语言致意

语言致意是最常用的致意方式，在环境允许的情况下，推荐使用此致意方式。“您好”是公共场合最常见、得体的问候语，适用于大多数交往对象。

语言致意通常还会配合称呼来共同使用，可根据场合、对象、时间的不同使用不同的问候语。例如，导游第一次见到游客时，可以使用“各位游客朋友们，早上好！欢迎大家来到XXX”；而当再次见到其中

学习笔记

一位游客时，可使用“王先生，您好！”；如果已经比较熟悉后，则可以说“王哥，早啊！”等。

（二）点头致意

当所在场合不宜大声喧哗，对方距离较近时，可以使用点头致意的方式代替语言致意。此时，应注意点头致意前应以目光对视的方式传达致意的愿望，同时应面带微笑轻轻颔首，才可达到致意的效果。

（三）举手致意

当所在场合不宜大声喧哗，且与对方相距较远，点头致意不明确时可使用此类致意方式；有时在户外环境下，还会配合语言致意共同使用。

此时，应举起右手臂，手掌伸直或略微弯曲，掌心向前，目光注视对方，轻轻左右晃动一两下，摆动幅度不宜过大，也不可来回反复摆动。

（四）鞠躬致意

鞠躬礼源自我国，是以前人们见面时常用的致意方式。目前，这种致意方式主要用于公共场合表示欢迎和感谢，或用于颁奖、演出、婚礼和悼念等活动。

鞠躬礼

使用鞠躬礼时，要求脱帽，双腿并拢，以腰为轴，上体向前倾。可将双手置于体侧，女士也可双手交叠置于腹前。通常情况下，鞠躬幅度越大，表示敬重的程度越高。但需要注意的是，90° 的鞠躬一般只适用于悔过、谢罪、哀悼等特殊情况，日常不建议使用。

（五）欠身致意

欠身致意通常用于出席会议时，被介绍者向与会者致意使用。此时，施礼者应起身，整理好服饰，欠身向与会者致意。如果会场人员比较多，可配合举手致意共同使用，也可向不同方向分别致意。当施礼者所坐位置较窄或介绍时间较短时，可不完全站起来，只需轻轻起身，欠身鞠躬即可。

（六）拥抱致意

拥抱致意是西方国家的常用致意方式，在我国，这种致意方式多见于亲属、伴侣之间。通常会在见面、告别，表示祝贺、慰问和欣喜时使用。

学习笔记

任务检测

根据所学，模拟导游与游客的身份，自拟场景进行不同类型致意礼的运用。

任务2　合礼介绍

任务导入

小琴带团到杭州，见到当地地接导游小李后，按照惯例，她需要将小李介绍给游客们。

任务思考

1. 小琴需要考虑介绍的顺序吗？
2. 如果你是小琴，你会如何进行介绍？

任务学习

介绍礼是人们在日常生活工作中，经常会使用的礼节。作为导游，在面对游客或者同行时，通常会需要自我介绍、他人介绍或集体介绍。

一、自我介绍

（一）自我介绍的方式

根据使用场合的不同，自我介绍包含的内容和形式也会有所不同，要依据实际情况进行选择。

1. 应酬式

应酬式通常可以在一般交际场合使用。例如，出席会议遇到同行，会议时间又临近，可简单介绍自己，“您好！我是XX。”

2. 公务式

公务式通常用于工作场合。内容一般包括本人姓名、任职单位以及所在部门、职务或从事的具体工作等。例如“您好！我是XX，现任

学习笔记

XX旅行社总经理。”“您好，我叫XX，现在在XX旅行社负责计调工作。”

3. 礼仪式

礼仪式主要适用于庆典、仪式等较为隆重的场合。内容不但包括姓名、单位、职务等，还包括一些谦辞、敬语，以表示对交往对象的敬意和友善。例如：“各位来宾，大家晚上好！我是XX，是XX国际旅行社的总经理。在此我谨代表我们旅行社热烈欢迎大家能够光临我们的非洲部开团仪式，感谢大家一直以来对我们的支持与鼓励！”

4. 完整式

完整式主要适用于面试、与群体会面等场合，对于导游来讲，与旅游团团员第一次见面所做的自我介绍也应该是这种方式。除了上述介绍内容中包括的姓名外，还可介绍以往的工作经历、个人能力、兴趣爱好等有助于对方了解其个人情况的内容。

（二）自我介绍的运用

1. 时间

通常，即便是完整式的自我介绍，时间也应控制在1分钟内。时间过长，会使听者注意力不集中，并产生厌烦或倦怠的情绪。

2. 神态

在进行自我介绍时，注意目光应敢于正视对方，注视的位置应在对方的眉心、眼睛、鼻子之间的三角区。应面带微笑，表情自然，给人以真诚自信的感受。

3. 内容

在进行完整式自我介绍时，内容上可采用幽默的方式或谐音来解释姓名，使得介绍生动有趣，便于记忆。同时要特别注意，介绍的内容一定要真实可信。

4. 语言

在自我介绍时，还应注意语言的应用，音调平缓，语气自然，需要强调的部分应以重音表示。

二、他人介绍

他人介绍又称为第三人称介绍。在进行他人介绍时，要考虑谁来做介绍者、介绍的顺序和其他的具体要求。

如何进行他人介绍

学习笔记

（一）确定介绍者

在进行他人介绍时，通常作为介绍者一方的先决条件是熟悉、知晓被介绍双方的人。在工作场合中，下列人员更加适合做介绍者。

（1）专职接待工作人员　例如，公关人员、礼宾人员、文秘人员等。

（2）活动的东道主　例如，作为宴请其他两家公司的东道主，应承担起介绍者的义务。

（二）介绍顺序

进行他人介绍时，介绍的顺序应遵循：相对受尊敬的一方有优先了解对方的权力的原则。按照礼仪习惯及社会交往的规律，依据上述原则，具体情况如下。

（1）身份、社会地位、职务不同的人，先将较低者介绍给较高者。

（2）辈分、年龄不同时，先将辈分低的介绍给辈分高的，先将年轻者介绍给年长者。

（3）基于女士优先的原则，先把男士介绍给女士。

（4）出席活动时，先把晚到者介绍给早到者。

（5）先把家人介绍给其他人。

（6）先把主人介绍给客人。

在工作场合，一般以社会地位、职位高低作为介绍时优先考虑衡量的要素。而在日常社交场合，通常优先考虑年龄的要素。

（三）其他具体要求

1. 介绍者

（1）目光　目光应配合语言注视双方，顺序是提及哪一方时看向哪一方。要注意目光平视，位置得宜。

（2）称呼　介绍时要注意称呼的准确性，同时根据被介绍者的需要及场合选择合适的称呼。

（3）姿态　介绍时，保持得体的站姿，右手五指并拢，掌心向斜上方，指向被介绍者。手掌的高度应保持胸部以上，自然大方，如图3-1所示。

图3-1　他人介绍

学习笔记

2. 被介绍者

被介绍双方要欠身致意或起身站立，微笑注视对方。

三、集体介绍

集体介绍是他人介绍的一种特殊形式，是指介绍者在为他人介绍时，被介绍的任何一方或双方不止一人的情况。例如，任务中所提到的就是这种情况。而此时，介绍顺序的选择就与被介绍双方都为一人的他人介绍有所不同，具体情况如下。

（一）少数人礼让多数人

当被介绍者的双方社会地位大致相似或者难以确定的情况下，应遵循人数较少的一方礼让人数较多的一方的原则，因而先介绍人数较少的一方，后介绍人数较多的一方。

（二）受尊敬的一方有优先了解对方的权力

如果被介绍的双方社会地位相差悬殊，则无论双方人数多少，甚至位尊的一方仅为一人，都应按照他人介绍的一般原则，先介绍社会地位较低的一方，后介绍社会地位较高的一方。

（三）人数较多的多方介绍

如果遇到被介绍者不只是双方，而是多方的情况。则应与双方他人介绍相反，采取由尊到卑的介绍顺序，在介绍各方具体成员时也应是此顺序。

任务检测

按照下列表格中的要求进行礼仪展示。

情境类别	具体情境	展示要求	评价
自我介绍	生日聚会	站姿端正；手势得体；目光自信；内容适配；面带微笑；语言流畅；态度亲切	
	面试应聘		
	迎接团员		

学习笔记

续表

情境类别	具体情境	展示要求	评价
他人介绍	新进员工入职	介绍者准确；介绍顺序正确；介绍者与被介绍者站姿端正，目光亲切，面带微笑；介绍者手势规范，语言流畅	
	全陪介绍地接导游		
	与家中长辈一起偶遇同事		

任务3　规范握手

任务导入

小贝所带的旅游团今天结束行程，他把大家送到车站，主动与大家握手告别。

任务思考

1. 小贝的做法合礼吗？
2. 如果你是小贝会怎么做？

任务学习

握手礼源自于西方，最早的握手描绘之一发现于公元前9世纪的浮雕。浮雕描述了亚述国王三世和巴比伦统治者握手的场景。《荷马史诗》中也曾多次描述握手，最常见的是展示承诺和信任。而到了现代，它成了人与人会面时最为常用的礼节之一。

一、握手顺序

在使用握手礼时，也要考虑由哪一方先伸手的顺序问题。通常情况下，相对受尊敬的一方有权决定是否握手。因而，握手时，位尊一方先伸出手来表示愿与他人握手，另一方则应予以响应。依据上述原则，具体情况如下。

握手顺序

学习笔记

（1）身份、社会地位、职务不同的人，职位高的人先伸手。

（2）辈分、年龄不同时，辈分高者或年长者先伸手。

（3）基于女士优先的原则，女士应先向男士伸手。

（4）主客之间的握手顺序要区分情况：当客人到来时，应由主人先伸手，此时表达的是欢迎；当客人走时，应由客人先伸手，此时表达的是感谢，切忌此时主人先伸手，有撵客的意味。

在工作场合，一般以社会地位、职位高低作为介绍时优先考虑衡量的要素。而在日常社交场合，通常优先考虑年龄的要素。但主客关系，在很多时候则是要优先于其他要素的。

除要考虑双方顺序外，如果遇到其中一方或双方为多人的情况，握手时要注意“面面俱到”，不可忽略对方任何人，同时遵循职位由高到低，距离由近及远的顺序进行握手，切不可跳跃式越过其中一人直接与下一位握手。

二、握手礼节要求

（一）方式

握手时，双方对向而站，相距1米左右的距离，双腿并拢，身体保持15°左右的前倾。伸右手，四指并拢，拇指张开，手心向内，手掌与地面垂直，高度与对方腰部持平。与对方的右手、虎口相对，双手相握。

握手礼节要求

此时应保持微笑，目光可看向对方，但切忌以偷看的姿态进行。

（二）力度

握手时还要注意保持适当的力度，一般以不握疼对方的力度为限度。力度过轻容易给人以不真诚、不在意的错觉。

（三）时间

对于初次见面的人而言，握手的时间应控制在3秒左右。时间过长，容易惹人厌烦，异性间更容易引起误会；时间过短，也会给人不热情的感受。

三、握手禁忌

学习笔记

（一）用左手与他人握手

国际礼仪通则中有以右为尊的说法，同时许多信仰伊斯兰教和印度教的国家和民族对于使用左手握手十分忌讳。因而，握手时，应避免使用左手与他人握手。

握手禁忌

（二）佩戴手套与人握手

在握手时，佩戴手套也是十分不礼貌的行为，表现出对他人的不尊重。需要注意的是，女士在穿着晚礼服时所搭配的手套作为服饰的一部分，在握手时是不需要摘下来的。

（三）一只手放在口袋里与人握手

在握手时，有些人习惯一只手放在上衣或裤子的口袋里，另一只手伸出与人握手。这样会给人以傲慢无礼的感受，是非常不可取的行为。

（四）争先恐后与人握手

在多人会面的场景下，常常会发生为体现热情，争先恐后与人握手的情况。然而，这样做不但不会起到好的效果，还会让会面双方陷入尴尬的境况。

对于西方人而言，在握手时由于争先恐后形成交叉握手的情况，则被看作是不祥的预兆。因而，在握手时，遇到多人握手，应按照一定的顺序依次握手，避免出现上述情况。

（五）用不洁的手与人握手

在握手时，应避免使用不洁净的手与人握手，可用语言致意的方式表达问候或欢迎之意，同时及时解释缘由。

（六）握手后立即擦拭手部

握手后，切忌立即擦拭手部，会给人造成嫌弃、厌烦对方的感受，引起不必要的误会。

学习笔记

任务检测

按照下列表格中的要求进行礼仪展示。

情境类别	具体情境	评分标准	评价
握手礼	地接导游初次见到全陪导游	握手顺序准确；握手姿态合礼；握手时间适宜；无握手禁忌	
	导游在机场接游客		

项目小结

作为导游人员，应掌握与人面对面交流会面时所使用的礼节，学会恰当地称呼，热情地问候，合礼地介绍，灵活地运用各类礼节。

项目练习

扫描二维码检测项目学习情况。

项目二 通联礼仪

学习笔记

项目综述

随着时代的发展，人际交往不再仅仅依靠面对面交流的方式，依靠不同的媒介进行通联，也成了其中重要的一项。如何能合礼地进行通联，对沟通交往十分重要，更是当代导游必须具备的能力。

内容结构图

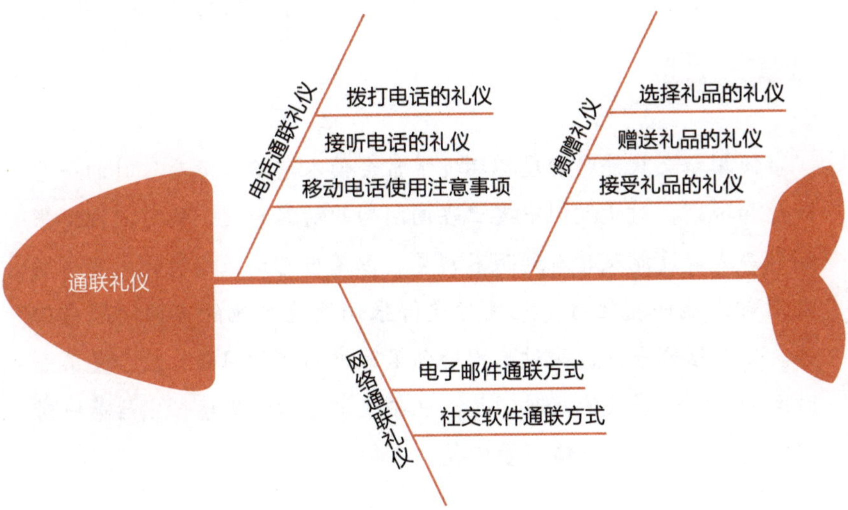

学习目标

知识目标	能力目标	素质目标
熟悉各类通联方式的礼仪规范。	能够合礼地运用各类通联方式与人沟通。	能够在日常交往中尊重他人。

学习笔记

案例导入

迟来的回复

导游张娟傍晚6点半左右收到了团队游客在群里的咨询行程信息，那时她正在与酒店工作人员协调第二天的早餐事宜，因而没能及时回复。结束一天工作，张娟有些疲倦了，就把刚刚游客咨询的事忘得一干二净。回到房间，她给自己泡了杯茶，并拍摄了一张照片发送至朋友圈，感慨工作结束后的闲暇时光。这时，刚刚向她咨询的游客，给她发送了一个“疑惑”的表情，张娟感到有些尴尬。

案例解析

使用社交软件时的虚拟环境常常会使人忽略人际交往时的一些规范和准则。对于案例中提出咨询问题的游客来说，他可以理解张娟有事或者没能及时看到而不回复。但是当看到张娟有时间发送朋友圈却没能回复他时，就顿时觉得张娟没能把他的咨询问题当回事。作为张娟来说，面对工作场合里客户的咨询问题，应尽量第一时间回复，如果没能及时回复，也要谨记于心，事情忙完后第一时间回复，切忌干脆忽略不予回复。

思考

在使用社交软件进行通联时，除了要注意及时回复外，还应注意哪些礼仪礼节？

任务1 电话通联礼仪

任务导入

小琴第一次带团去新疆，接到派团单后，她主动打电话给新疆的地接导游，想要沟通行程等方面的相关事宜。她特意选择了大家都上班后的上午9点半打电话过去，电话铃响了很久，对方才接听电话，并且态度明显有些不耐烦，小琴有些疑惑。

学习笔记

任务思考

1. 你觉得对方为何会态度有些不耐烦？
2. 如果你是小琴，你会怎么办？

任务学习

随着移动通信设备手机的普及，接打电话成了人们日常生活中，特别是工作中常见场景。导游在实际工作中，更是经常需要通过电话来进行事项的沟通，如何合礼地接打电话，是工作能否顺利进行的重要一环。

一、拨打电话的礼仪

作为沟通中主动交际的一方，拨打电话者应注意在过程中主动考虑接听电话者的感受，以便使沟通更加顺畅，达成目标。

（一）时间

在拨打电话前首先要考虑时间的因素，这里主要包括以下两个方面。

1. 选择合适的时间拨打

作为主动交际的一方，拨打电话者在打电话前要充分考虑接听方的时间安排，避开对方休息、进餐及工作繁忙时间，除非是与对方事先预约得到许可，一般以不要打扰到对方或给对方带来不便为原则。

对于公务电话，应尽量在对方上班半小时之后到下班半小时前的时间段内拨打，以便对方能够比较从容地接听电话，同时顺畅地沟通工作事宜。

（1）正常情况下，应选在工作日的上午8:30~11:30（部分企业上班时间会随季节有所变化，要有所考虑），下午14:30~17:00拨打，即便是要在下班以后沟通，也应选择在21:00前，中午用餐及午休时间尽量不拨打电话。

学习笔记

（2）周末或节假日尽量不要拨打电话，尽可能不要占用对方的休息时间，如果有特殊情况，也应在上午9:00以后拨打。

（3）拨打异地工作电话时，特别是国际电话或者是东西相距较远的国内地区电话时，要考虑时差及作息时间不同的问题。例如，我国西部地区与东部地区之间，虽然都统一使用标准时间东八区北京时间，但实际上按照地理经线来看，是地跨5个时区的，也就是说东部与西部的日出时间要相差将近5个小时，因而作息时间东西部之间相距甚远。作为旅游行业工作者，业务地域范围广，拨打电话前更要充分考虑。

2. 控制好通话的时长

一般情况下，由于人在进行电话沟通时感官刺激较少，时间一长容易注意力不集中。作为公务电话，拨打电话的一方应尽量将通话时长控制在3分钟之内。

（二）空间

拨打电话前对于空间的选择也十分重要，一方面为了使通话时声音信息的传递能够清晰准确，应尽量选择较为安静的空间环境进行通话；另一方面，为了使通话过程中的声音不至于影响到他人，应避免选择公共场所拨打电话，例如剧场、影院、会议室、图书馆、公共交通工具、餐厅等，即便是有紧急事件不得不进行通话，也应尽量选择较为避讳的空间，同时压低声音，减小音量，把对别人的影响降到最低。

最后，除上述公共场所外，更要避免在医院抢救室外等医疗仪器可能会受到手机干扰的区域以及加油站等容易因手机产生静电火花发生爆炸等安全隐患的区域拨打电话。

（三）准备

为了使接听电话一方在通话中获得准确、简洁的信息，提高沟通的实效，拨打电话者要在打电话前做好充分的准备。

（1）打电话前，对谈话内容进行再次整理、确认，如果沟通的内容较多，可做相关记录列出，避免漏掉事项需二次通话，给人毛躁、不沉稳的印象。

（2）打电话前应备有可记录的工具，有必要的话提前设定好录音功能，以免需要时再慌乱寻找工具耽误双方时间。

学习笔记

（四）过程

通话过程中，作为拨打电话的一方，需要注意的礼仪事项如下。

1. 语言

通话时，吐字要清晰，语速、音量适中，语句简短、语气亲切，语言文明。

2. 姿态

通话时也要注重举止形象，无论站坐都要保持端正的姿态，举止得体。切忌坐在桌角或椅背上，也不可慵懒地趴着、仰着、斜靠着或双腿高架着。虽然接听电话的一方看不到，但不良的体态也会影响到人的情绪和声音，使对方有所察觉。另外，作为导游也应在其他同事及游客面前维护好形象和风度。

3. 自报家门

接通电话后，应主动问好，自报家门，说明来意，不要让对方去猜测。更不要使用“喂，喂”“是XXX吗?”“XXX在吗?”等用语，使接听者产生厌烦情绪。

4. 打错电话

发现打错电话时，应及时向对方致歉，切不可一言不发，甚至直接挂断电话。

5. 通话中断

通话过程中，如果电话突然中断，应由拨打电话的一方主动回拨。

6. 结束通话

按照惯例，结束通话时应由拨打电话的一方挂断电话。但是，当接听电话的一方是身份地位较高或者年长者时，则礼让尊者先挂断电话，表达对其的尊重。

二、接听电话的礼仪

（一）本人接听电话

1. 接听及时

作为接听电话的一方，当听到电话铃响时，应及时接听，避免让拨打电话者等待过久，产生焦虑情绪，影响后续沟通。接听电话有“铃响不过三”的原则，但也要注意不要铃声刚刚响起就马上接听，会让拨打电话一方有些措手不及。最佳的接听电话时机是在铃响两声过后，如果是手机也可通过振动频次来进行判断。如果因特殊原因实在没能及时接听，接通后应及时向对方致歉并说明原因。

学习笔记

2. 自报家门

对于企事业单位的工作电话而言，作为部门工作人员，接听电话后要主动问好，自报家门，“您好！这里是XX旅行社。”这一方面体现企业文化，彰显待客之道，另一方面也便于对方验证拨打电话的准确性，减少因拨错电话而引起的尴尬。

3. 礼貌应答

在接听电话的过程中，应积极呼应，有问必答，即便对于没有建议或意见的部分，也要及时回以“嗯”“好的”“明白”等应答语，使对方明确接听方在认真倾听。

切忌在接听电话后，使用“你谁呀?”“你有什么事儿吗?”的语言，表现出傲慢无礼、无所谓的情绪。

4. 做好记录

接听工作电话时，要注意提前准备好能够进行记录的工具，以免通话过程中慌乱寻找，延长沟通时间，增加沟通不畅的因素。在记录时，应主动复述记录内容，并向对方征询准确性，避免出现错误。

5. 其他情况

（1）打错电话　遇到对方打错电话时，应善意提醒并接受道歉，切忌大声斥责对方，造成不必要的争吵和不快。

（2）骚扰电话　对于陌生人打来的明显骚扰电话，可直接挂断不予理睬。而对于一些比较难缠的工作电话，也要学会说不，设法摆脱对方的纠缠，委婉而坚决地拒绝对方的请求。

（二）代接电话

1. 礼貌应答

接听电话后，若发现对方要找的人在身边，可先告知打电话者稍候，并及时告知所找之人接听电话，切不可表现不耐烦甚至蒙骗对方。

若对方所找之人不在，也应及时告知，同时可适度表达自己可以代为转达的意愿，并礼貌应答所提问题。

2. 尊重隐私

代接电话时，切忌主动询问双方关系、所找事项等信息。当对方主动寻求帮助，希望代为转达信息，也要对内容守口如瓶，切不可随意传播。

接听电话时，避免使用免提公放，泄露电话内容。同时，即便所找之人在附近，也不可大声喊叫，影响他人工作。当他人通话时，更不要旁听甚至插嘴。

3. 准确记录

当对方希望代为转达时，要注意将通话重点内容记录完整，并轻声复述明确，避免遗漏和错误的记录。

4. 及时传达

当所找之人出现后，应第一时间将代接电话情况，包括记录的信息进行传达，切不可拖延，以免延误对方事宜。即便拨打电话者没有要求进行电话记录，也应将代接电话的具体情况告知。

三、移动电话使用注意事项

（一）公共场所使用手机

1. 不要干扰他人

在公共场所接打电话应压低声音，同时选择相对僻静的场所进行。同时，切忌使用手机大声公放视频或音乐，干扰他人。

2. 注意使用场合

（1）主动关机或调成振动　对于剧院、影院、图书馆、教室、会场等地，应主动将手机关机或调整为静音模式，避免干扰到他人。

（2）严禁开机或接听电话　在乘坐飞机时，要提前阅读并遵守航空公司的相关规定，听从工作人员指挥，合规使用手机；在加油站、医院的特定区域、驾驶车辆期间不能接打电话，避免出现安全隐患。

（二）铃音和短信的使用

1. 铃音

如今，个性化手机铃音的设置为生活增添了许多色彩，但要注意过于个性化铃音的使用场合以及与个人身份的匹配度。

2. 短信

在使用短信功能时，也要考虑到发送信息的时间，参考拨打电话时间。

学习笔记

任务检测

情景模拟：

1. 导游小李在火车上接到旅行社打来的确认游客行程安排的电话。

2. 导游小李在旅游大巴上给酒店打电话确认明晚的入住信息。

任务2 网络通联礼仪

任务导入

小琴考取了领队证，第一次带团队去欧洲旅行，途中需要帮游客预订第二天晚餐自费项目的餐厅。在欧洲，人们预订餐厅普遍是采用电子邮件的方式，小琴英文不错，但是由于国内使用邮箱频率不高，对如何书写和收发电子邮件不熟悉。

任务思考

1. 小琴在发送预订邮件时应注意些什么?
2. 在收到餐厅回复后，小琴应该怎么做?
3. 如果你是小琴，你能够合乎礼仪地预订餐厅吗?

任务学习

在现代生活中，网络通联已经日益广泛且频繁，已成为工作生活中最方便、快捷、最常用的通联方式之一。在网络高速发展的今天，作为导游，学习如何合礼地进行网络通联也变得十分重要。在应用不同的网络通联方式时，务必遵循一定的规矩。

一、电子邮件通联方式

在许多的网络通联方式中，收发电子邮件作为最基础却又最正式的一种，在国内使用多为正式公文，但在欧美国家，这却是日常使用的通联方式。

学习笔记

（一）撰写和发送电子邮件

在撰写和发送邮件时，应注意以下几点。

（1）在工作场所使用网络办公时，所撰写的邮件必须是公务邮件，切不可公私不分，不可将单位邮箱作为私人联系途径使用。

（2）应在地址板块上准确无误地输入对方邮箱地址，并应将所发送邮件的内容进行精炼总结，为邮件冠以适合的主题，以使对方对所收到的信息先有所了解。

（3）应按照信件或公文的格式和规则，将信件内容撰写在消息板块上。一般情况下，公务邮件内容不宜过长，应言简意赅，以便收件人阅读。

（4）应使用礼貌规范用语，以表示对他人的尊重。

（5）避免发送无聊、无用的垃圾邮件。

（6）要注意保守国家机密，不可发送涉及机密内容的邮件，不得将本单位、企业的邮箱密码转告他人。

（二）接收和回复电子邮件

在接收和回复电子邮件时，应注意以下几点。

（1）应定期查询收件箱，最好在上班日每天查看一下有无新邮件，以免遗漏或耽误重要邮件的阅读与回复。

（2）应及时对邮件进行回复，以确保信息的及时传递交流，使工作可以顺利开展。

（3）如因特殊原因未能及时回复邮件时，应立即补办具体事宜，尽快回复，并应向对方致歉。

（4）不可未经他人同意擅自将私人邮件进行转发。

（三）保存和删除电子邮件

电子邮箱有一定的存储量，因而不能将所有邮件长时间保存在邮箱内，应当重视其保存和删除。

（1）应定期整理邮箱，对不同邮件分别予以保存或删除，以免邮箱过于拥挤。

（2）对较为重要的邮件，可采用其他更为安全的形式进行保存，例如存储在硬盘或其他存储设备中，也可打印成稿，以公文形式保存。

学习笔记

二、社交软件通联方式

如今，社交软件已经成为职场人士必备的办公及业务往来工具，如何使其成为工作中事半功倍的帮手，而不是产生误解的新隐患，学会合礼地应用它们就显得尤为重要。

（一）具体通联方式的选择

现代社交软件在使用时可以有多种通联方式选择，主要可分为：文字信息通联方式、语音信息通联方式、语音通联方式、视频通联方式等。

在职场中，如果无法确定通联对方此刻的状态，应首选文字信息通联方式，方便对方阅读，同时提高信息内容的准确性。但要注意，因文字沟通方式降低了情感传达，易产生误会，应适当配合表情，增进情感沟通。

切忌在不确定对方状态的情况下发送语音和视频邀请，如确有必要，也应和对方确认或约定后再发送。还应尽量避免大段的语音信息，应充分考虑通联对方的感受。

（二）互加社交账号时的注意事项

随着职场中社交软件应用的逐步广泛，常常会需要与客户或者新的工作伙伴互加微信，这时应注意以下几点。

1. 先后顺序

在添加社交软件时，常常会应用到扫描二维码的方式。这时，应当请相对受尊敬的一方出示二维码，另一方扫描申请加好友。

2. 申请用语

在申请成为对方好友时，应问候并注明单位或企业名称、姓名、职务等，以方便对方修改备注名。

3. 修改备注名

添加对方好友后，应及时修改备注名，尽量修改为真实姓名，也可将该好友的相关重要信息写入备注名中。避免因对方更换头像、微信名造成分辨不出是谁，影响联络甚至引发误会。

（三）其他注意事项

（1）与对方进行文字通联时，应避免以“你在吗?”“在不在”开头，容易造成对方潜意识里的心理负担。应问好并直接将需要沟通的事项表达清晰。

学习笔记

（2）通联时间的选择上，应尽量在工作时间内进行沟通，除极特殊情况应避免在休息时间使用社交账号进行工作沟通。

（3）即便是网络沟通方式，也要注重基本的礼仪礼节，文明用语。

任务检测

向老师的电子邮箱发送一份主题活动的正式邀请，同时添加教师微信，确认是否出席活动。

任务3　馈赠礼仪

任务导入

有合作的派团旅行社一行5人来小贝的地接社洽谈业务，同事接到了为来宾选择伴手礼的任务。

任务思考

同事在选择礼品时应考虑哪些因素？

任务学习

一、选择礼品的礼仪

（一）明确目的

馈赠礼品时，要依据馈赠目的的不同来选择。例如，是要表达诚意还是感谢，是作为生日祝福还是商务往来的伴手礼，应依据不同目的细心挑选。

（二）注重真情

正所谓“礼轻情意重”，物品贵重与否并不是选择礼品的唯一标准，很多时候馈赠的方式和礼物是否用心才是受礼者更为关注的。

学习笔记

（三）因人而异

在选择礼品时，还要因人而异。这一方面是指要考虑受礼者的喜好，不要以自身喜好作为标准。另一方面，还要弄清双方关系，避免让对方对于接受礼物产生负担感。

（四）尊重禁忌

1. 尊重个人禁忌

每个人的生活环境、文化背景等诸多方面都有差异，可能会有着这样那样的禁忌。在选择物品时，要学会尊重他人的个人禁忌。例如，有些人可能对某些物品有厌恶的情绪，那么在选择前就要注意了解，尽量避开。

2. 尊重对方的风俗习惯、民族差异和宗教信仰等禁忌

在旅游活动和交往中，常常会遇到来自不同地区和民族的人，因而在选择礼品时一定要照顾到他们的风俗习惯和禁忌。例如，对于来自欧洲的游客来说，大多对于数字13比较忌讳，要避免在礼品中出现这个数字和数量。

3. 遵守国家规定

在选择礼品时，更要注意遵守国家规定，特别对于职能部门的工作人员等，更要注意相关规定，不得出现行贿情况。

二、赠送礼品的礼仪

选择好礼品只是馈赠礼物的第一步，想要受礼者感受到真挚的情意，起到良好的效果，还要注重赠送的方式和过程。

（一）馈赠时机

在赠送礼品时，时机的选择十分重要。时机选择得当会起到事半功倍的效果，选择不当则可能出现对方尴尬甚至不满的情况，产生不良的结果。

1. 选择在道喜、祝贺之时

此时赠送礼品，可以起到“锦上添花”的效果，能够顺理成章的表达自己的真情实意，避免产生误解和尴尬。

2. 选择在慰问和鼓励之时

此时赠送礼品，则可以起到“雪中送炭”的效果，使受礼者切实感受到温暖和关怀，获得力量。

学习笔记

3. 选择在佳节之时

佳节之时，是走亲访友、馈赠礼品的最佳时机之一。此时，各家各户都在准备年节所需物品，礼品的选择也较为容易，受礼者也有所需要，心怀感激。

（二）馈赠途径

馈赠礼品时，途径的选择应根据实际情况进行调整，才能起到良好的效果。

1. 当面赠送

适用于受邀拜访、慰问、到场祝贺的场合，更容易让对方记忆深刻，受礼者一般为比较熟悉或重要的人物。

2. 他人转送

适用于虽在一地，但不熟悉也不方便当面赠送的人。此时，一般会转交中间介绍者等代为转送。

3. 邮寄赠送

适用于不在一地的受礼者，现在很多商家在网络购物中也提供礼品包装及订制祝福卡片的服务，便于馈赠时选择，十分便利。

（三）馈赠技巧

（1）礼品一般不宜当众选。

（2）象征着精神方面的礼品，要当面赠送。

（3）在正式场合赠送礼品要精心包装。

（4）送礼品之前，要认真检查礼品质量，有瑕疵的礼品或过了保质期的食品是不能送出去的。

（5）赠送礼品时，神态要自然大方，可以伴以寒暄或祝福语。

三、接受礼品的礼仪

（一）接收礼品的礼仪

1. 自然大方

当面接收礼物时，应注意仪态应自然大方，双手接过，以示尊重。

2. 及时感谢

当面接过礼物后，应及时且由衷地表示感谢。对于未能当面递交的礼物，如果是由他人转送，收到后应向转送者表达感谢并请其代为向送礼者转达感谢之情；如果收到邮寄的礼物，则应及时与送礼者取得联

学习笔记

系，向其表达感谢，因不在一地，可根据双方关系向其发送收到礼物的情况照片和描述，使对方能更加真切感受到受礼者的情意。

3. 尊重情意

礼品无论贵重与否，是否合意，是否实用，都是对方情意的表达。作为受礼者，应充分尊重情意，珍惜对待礼物，切不可随意丢弃、转送。

4. 礼尚往来

接收礼物后，应在感念对方情意的同时，注重“礼尚往来”，在合适的时机予以回礼。

（二）拒收礼品的礼仪

对于不同人赠送的不同礼品，要懂得甄别。那些有悖于社会公德、有碍于正常执行公务的物品，以及超过双方关系边界的礼物要及时拒绝。在拒收时，更要讲究方式方法，特别是对于那些对方真诚馈赠的礼物，要避免对方尴尬。

1. 尽量当场拒收

拒收时，尽量要在赠送的当场进行，切不可因不好意思当面拒绝而接受后再行退还。这样容易引起对方误解，产生矛盾。

2. 保持礼物原状

如果是收到邮寄的礼物，想要退还，要第一时间告知对方，并保持礼物完好无损，切不可打开外包装后再行退还，甚至礼物有所破损。

3. 真诚表示感谢

如果对方赠送礼品是为了表达真情，但不想接受，也要在拒绝接受礼物的同时，对情意真诚表示感谢。

任务检测

情境模拟：

两人一组，模仿需要向游客馈赠感谢礼物的场景。

项目小结

学习笔记

本项目包含了导游日常工作中常见的通联方式的运用礼仪。在电话通联方式中，分别就拨打电话和接听电话的礼仪要点进行了介绍；在目前广泛使用的网络通联方式中，涵盖了较为正式的电子邮件通联方式和更为常用的社交软件通联方式；在馈赠礼仪的部分包含了如何选择恰当的礼品、如何合礼地接收和拒收礼品。

项目练习

扫描二维码检测项目学习情况。

学习笔记

项目三 餐宴礼仪

项目综述

“民以食为天”，餐宴是人们日常生活中必不可少的活动之一。对于导游来说，在带团工作时也常常会遇到中西餐各类宴请活动，掌握宴请时的礼仪规范也是非常必要的。

内容结构图

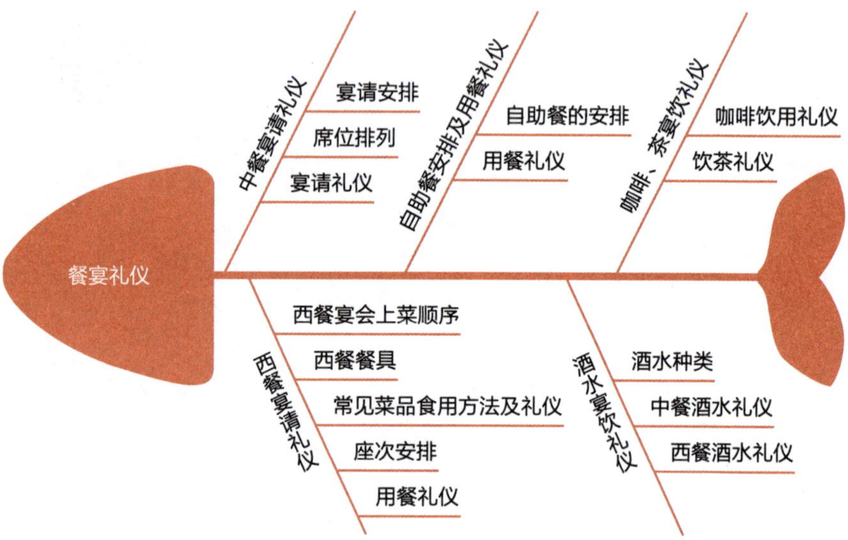

学习目标

知识目标	能力目标	素质目标
熟悉中餐、自助餐、西餐等各类宴请活动中的礼仪规范。	能够合礼地进行宴请活动。	能够在日常交往中尊重他人。

学习笔记

案例导入

导游小王至今都记得自己第一次吃西餐的情形。走进餐厅，就看到豪华而气派的装饰，而且整个餐厅很静，若有若无的音乐轻轻回荡，让她心动，同时也不免紧张。她走到餐桌边，伸手去拖餐椅，而侍从赶紧过来，帮她轻轻挪动椅子，同时发现自己站在了椅子的右边，脸一下子就红了。接下来进餐的过程中，她牢记左叉右刀的原则，但是其实她是左撇子，而且第一次用，心里很紧张，更显得笨拙。整个进餐过程，小王觉得像是在受罪，音乐、环境对她而言都不曾留下什么印象，只有紧张与小心翼翼，以及小心翼翼后的笨拙，令她终身难忘。

案例解析

在参加西餐宴请时，要注意西餐礼仪与中餐礼仪的不同。在走到餐桌旁时，应站在餐椅的左边位置，由侍者拖开餐椅。而小王事先没有对西方餐桌礼仪进行了解，导致出现了失礼行为。在使用刀叉时，感觉不方便时，是可以换右手拿叉，但不宜频繁更换位置。小王虽知晓左叉右刀的原则，却不知道变通，而是自己变得十分笨拙。因此，这是失败的社交事件。

思考

应如何合礼地参加西餐宴请?

任务1　中餐宴请礼仪

任务导入

小贝接到了一个私人订制团队的带团任务，在行程中，客人想给团队成员安排一餐较为正式的欢迎晚宴。全团共10名游客，皆为夫

学习笔记

妻，年龄在35~50岁，标准在每人300元左右，其他具体安排交给小贝来定。

任务思考

1. 小贝在安排宴请时需要考虑哪些因素？
2. 如果你是小贝，你会询问客人哪些问题？
3. 如果你是小贝，你准备如何来做？

任务学习

一、宴请安排

（一）时间

按照惯例，早餐、午餐、晚餐三餐中，宴请的时间多安排在午餐或晚餐。通常相对正式隆重的宴请活动一般安排在晚餐，而工作餐则一般安排在午餐。在具体时间的安排上，应主随客便，尽量考虑大多数参加宴会人员的具体情况来协商安排时间。

（二）地点

用餐地点的选择体现着宴请者的品位及对客人的重视程度，因而应慎重选择。通常情况下，应尽量选择环境幽雅、卫生条件良好、设施较为完备的用餐地点，但也应避免过分奢华的地点。另外还应考虑参加宴会人员在交通上是否便利，以方便其出席宴会。

（三）菜品

中餐宴请时，菜品的选择应考虑以下几点。

1. 菜品搭配

在选择菜品时，首先应注意做到不同菜品类型的搭配，通常酒店会有包含不同菜品的套餐推出，方便宴请活动，可作为参考。

2. 选特色菜

在选择菜品时，应尽量选择当地的特色菜肴，特别是对于远道而来的外地客人，更是不二选择。

3. 选拿手菜

在选择菜品时，还应尽量选择餐厅厨师的拿手菜，能有效避免食物

学习笔记

不好吃、客人不满意的情况出现。

4.　营养健康

随着我国居民生活水平的不断提高，在选择菜品时人们也会着重考虑营养和健康因素。同时，对于宴请客人的身体情况也应有所了解，对于糖尿病患者、三高人群，在选择菜品时更要慎重。

5.　饮食禁忌

在宴请前还应对客人的个人喜好和饮食禁忌有所了解，比如有些佛教信徒可能在饮食上会忌五荤，或者有些健康人士会是素食主义者，要在宴请前有所了解，与餐厅取得联系，提前进行沟通。

6.　避免浪费

在选择菜品时，应依据人数和用餐时间等选择适量的菜品，选精不选多，厉行节俭，反对浪费。

二、席位排列

在中餐宴会中，席位的排列代表着参加宴会人员的身份、地位及受重视程度，因而特别需要细心谨慎安排。对于大型宴会而言，中餐席位的排列包括桌次排列和位次排列两个方面。

中餐桌位排列

（一）桌次排列

中餐宴会通常是圆桌合餐的用餐形式，在举办一桌以上的宴请时，就会遇到桌次排列的问题，通常会遇到以下两种基本情况。

1.　两桌组成的小型宴会

此类宴会又分为两桌横排和两桌竖排。

（1）两桌横排原则　面门定位，以右为尊，如图3-2所示。

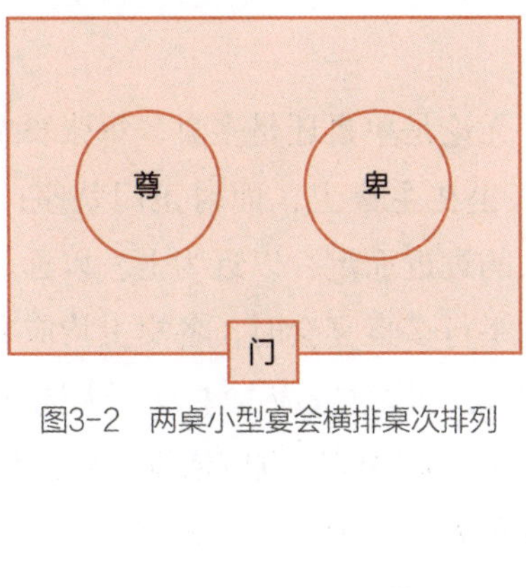

图3-2　两桌小型宴会横排桌次排列

学习笔记

（2）两桌竖排原则　面门定位，以远为尊，如图3–3所示。

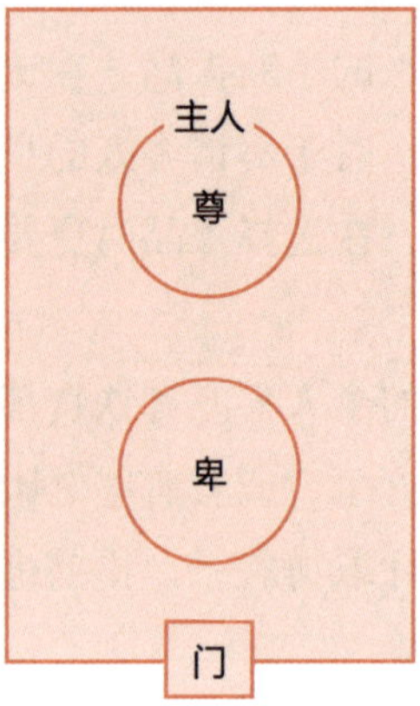

图3-3　两桌小型宴会竖排桌次排列

2. 三桌或三桌以上组成的宴会

原则：面门定位，以右为尊，以远为上，主桌定位（距离主桌越近，桌次地位越高；距离主桌越远，桌次地位越低），由于桌数及宴会厅大小的不同，桌次排列的具体位置也不尽相同，但都要基本遵循上述原则。图3–4是常见的多桌排列的例图。

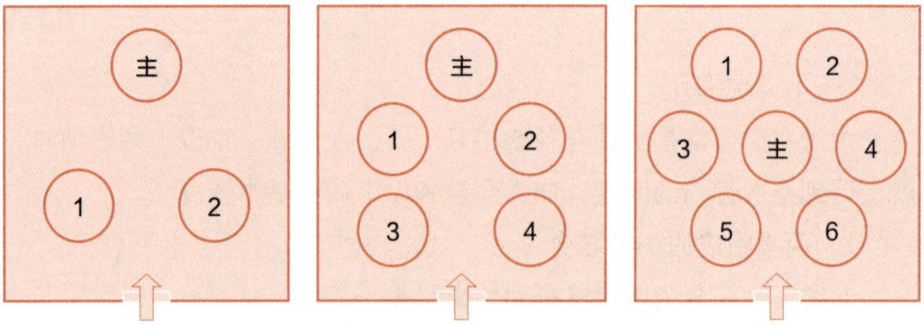

图3-4　三桌及三桌以上宴会桌次排列

（二）位次排列

在进行宴请时，无论是单桌还是多桌，每张餐桌的具体位子都有主次、尊卑之分。主人坐在主桌上，面对正门就座；在主桌上位次的尊卑，应根据距离主人的远近而定，以近为上，以远为下，同等距离以右为尊，以左为卑。在举行多桌宴会时，各桌上均应有一位主桌主人的代表位，作为各桌的主人，其位置应与主桌主人同向就座（有时也可以面向主桌主人）。其他位次的尊卑也应依据其距离该桌主人位的远近决定，近尊远卑，同等距离以右为尊（主人右侧）。

学习笔记

1. 位次排列方法

（1）每桌一个主位的座次排列如图3-5所示。

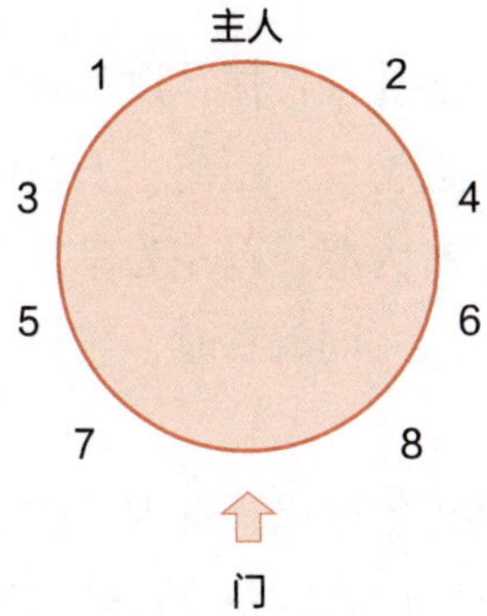

图3-5　每桌一个主位的座次排列

（2）每桌两个主位的座次排列如图3-6所示。

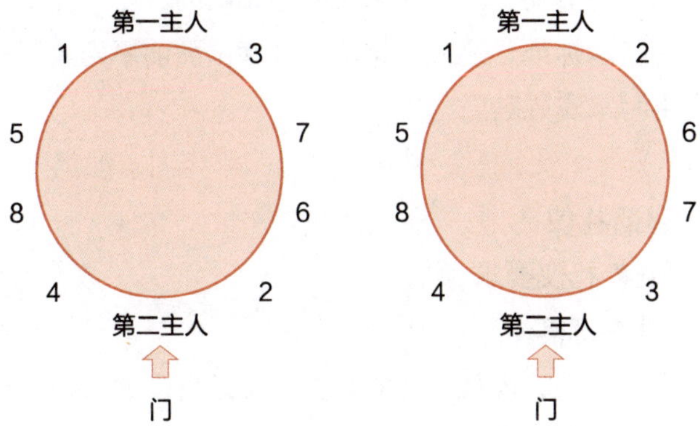

图3-6　每桌两个主位的座次排位

（3）特殊情况如图3-7所示。当主宾的身份高于主人的情况，为了表示对主宾的尊重，可以让主宾坐在主人的位子上，而主人坐在主宾的位置。

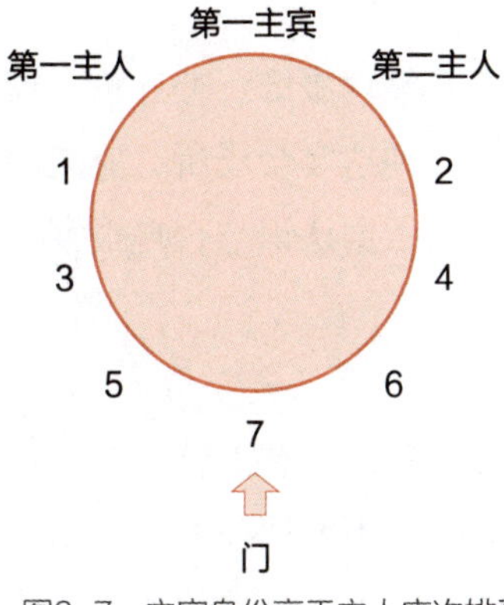

图3-7　主宾身份高于主人座次排列

学习笔记

2. 位次排列原则

目前，在位次排列方面基本遵循如下原则，可根据实际情况进行座次安排。

（1）面门为上。按照礼仪习惯，以正对门中间的位置为上座。

（2）距离定位，以近为尊。距离主人越近越尊贵。

（3）同等距离，以右为尊，以左为卑。

（4）中间为尊。三人一同就餐时，居于中间座位者为主人或主宾，身份高于两侧就座者。

（5）观赏为佳。高档餐厅里，室内外往往有优美的景致或高雅的演出，供用餐者欣赏。这时以观赏角度最佳之处为上座。

（6）临墙为好。为防止过往侍者或食客的干扰，通常以靠墙的位置为上座，以靠过道的座位为下座。

正式的宴请活动，为方便来宾准确无误的就座，除了由专人负责引领及设入座指示标外，还应在每位来宾座位面前事先放置座位卡，用醒目的文字书写来宾姓名。

三、宴请礼仪

（一）赴宴礼仪要求

1. 穿着打扮得体

根据宴会目的、规格、对象和要求考虑自己的着装，以表示对主人及参加宴会者的尊重。

2. 守时守约

准时到达是出席宴请活动最基本的礼貌。迟到、早退或逗留时间过短，都会被认为是失礼的行为。一般来说，抵达的恰当时间，是书面邀请中注明的正点时间或早晚一两分钟。

3. 问候致谢

进入餐厅前，应先整理服饰、补好妆、梳整头发，然后面带微笑，仪态从容地走进餐厅。到达宴会场所，应向门口迎候的主人致以问候，表示感谢。在餐厅，应根据认识与否自报家门，或由东道主引见介绍，听从主人安排。

4. 点餐礼节

如果主人安排好了菜点，客人就不要再点菜了。如果需要点菜，不要选择太贵的菜，同时也不要选择太便宜的菜。作为客人，可以选择自己喜欢的菜品，当然一定不是昂贵的菜。

学习笔记

5. 席间有礼

进餐过程中，举止姿态要文雅；要正确地使用餐具，例如，餐巾是用来擦嘴的，就不要擦脸、擦汗或者擦餐具；要主动与同桌人交谈，边吃边谈是宴会的重要形式，应主动与同桌人交谈，声音不要过大，也不可窃窃私语。

6. 祝酒有礼

敬酒时应按身份地位由高到低，或者按座次顺序依次进行。身份地位低的人杯口要低于身份地位高者。主人致辞，或与他人交谈时要放下餐具，停止进食。

7. 退席

正式宴会上主人把餐巾放在桌子上或者从餐桌旁站起来，就表明宴会结束。宴会结束离开餐桌时，不应将椅子拉开就走，而应将椅子挪回原处。客人在分手时，应向主人道谢，并与其他客人致意告别。

（二）用餐礼仪禁忌

1. 为他人夹菜

由于是合餐制，出于卫生以及尊重个人喜好的考虑，用餐时不宜主动为他人夹菜，可以请客人多品尝某些菜肴，即让菜不夹菜。

2. 在席间吸烟

在出席宴会时，应该自觉做到不在席间吸烟，以免有损他人健康。

3. 在席间整理妆容

在出席宴会时，无论男士还是女士都不应在席间更换衣帽、修补妆容。

4. 在席间把玩餐具

在席间，不可随意把玩餐具，甚至敲出声音。

5. 在宴请时一言不发

特别是在工作宴请中，宴请本身就是一种社交方式，不能始终保持沉默。

6. 在席间剔牙

在席间剔牙，特别是无遮挡地剔牙，是十分不雅、不礼貌的行为。

学习笔记

任务检测

安排一行10人的家庭团队参加有民族特色节目表演的晚宴，餐桌位置朝向如下图所示，按照长幼顺序这10人应分别安排在哪个座位上？（按照长幼顺序依次以1~10数字代替，1为最年长者，10为其中的晚辈且年龄最小者）

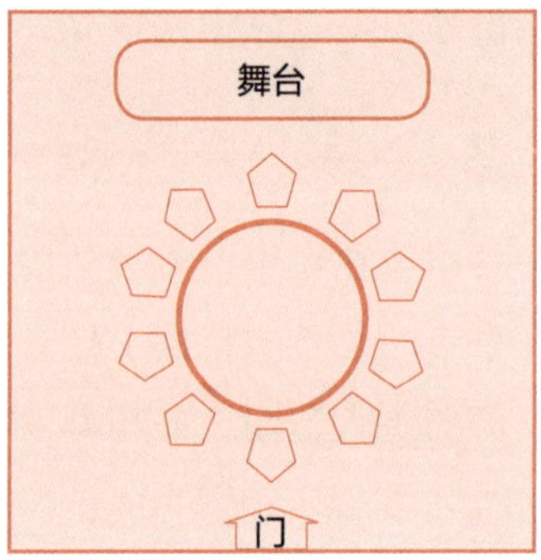

任务2 西餐宴请礼仪

任务导入

小贝作为领队带着团队赴欧洲旅行，旅行中部分游客选择了在巴黎体验法餐。临行前，许多游客纷纷向他讨教起吃法餐时应该注意的问题。

任务思考

1. 小贝应该告诉游客哪些注意事项？
2. 出席西餐宴会时，会与中餐宴会有哪些不同呢？

任务学习

提起西餐，大家首先想到的可能就是牛排、汉堡、薯条等食物，实际上，西餐所包含的品类很广泛，它是相对于东亚文化饮食而言的欧美

学习笔记

白人世界文化圈的饮食总称，更准确的称呼应该是欧式餐饮。西餐大致可以分为法式、英式、意式、俄式、美式、地中海饮食等多种不同风格的菜肴。但由于这些地区或相邻相近，或同宗同源，因而在文化上有着许多相通性，体现在饮食上，即在餐食制度和礼仪规范上有许多的相似性。

一、西餐宴会上菜顺序

西餐宴会采取分餐制度，同时每道菜肴是按先后顺序一道一道来食用的，通常情况下，一餐较为完整的西餐宴会餐食包括以下内容。

（一）开胃菜

开胃菜也称头盘，是为了让就餐者打开胃口，引起对主菜的食欲而制作的小吃。多数情况下，是用蔬菜、水果、海鲜等组成的拼盘或沙拉，包括各种小份额的冷开胃菜、热开胃菜。其特点是清淡爽口、色泽鲜艳、带有酸味或咸味，有开胃、提升食欲的作用。

（二）面包

面包有软面包和硬面包两种。宴会时常常会使用面包篮放置在餐桌中间，人们用手拿取一个（或一块）面包放置在自己的面包盘中再食用。多数面包在食用时，不需要刀叉，也不能直接咬食，而应用手撕下刚刚好可以一口吃下的一块，有些会使用黄油刀蘸取黄油、奶油、果酱或鱼子酱等涂抹在面包上佐食。

（三）汤

西餐中的汤也起到开胃的作用。需要注意的是，西餐用餐礼仪中，开始食用汤标志着西餐正餐的正式开始。西餐的汤分为白汤（浓汤）、清汤等。浓汤口味浓郁、口感顺滑、营养丰富，比较具有代表性的有奶油蘑菇汤、土豆汤等；清汤是指含有鲜味成分的各种基础汤，加入富含蛋白质的原料，通过烹制，清除汤中杂质而制成的汤品，其特点是营养极高。

（四）副菜

副菜通常为白肉制作而成的肉类菜肴。白肉指的是烹调后肉质呈白色的肉类，一般包括鱼虾类和禽类的肉。

学习笔记

（五）主菜

主菜通常是红肉制作的肉类菜肴。红肉指的是烹饪后肉质呈红色的肉类，例如牛肉、羊肉、猪肉等。西餐红肉类菜肴烹饪方式大多以煎烤为主。需要注意的是有时三道式的西餐样式里，也会以白肉替代红肉作为唯一的一道主菜食用。

（六）餐后甜点、水果

西方人习惯在用餐过后食用一些甜味的点心、冰淇淋或者是水果等甜品。值得一提的是，西餐中食用不同水果的方式是有所区别的。大多数都以削皮切块的方式上菜，食用者只需用专门的水果叉插食就可以了；但有时候，有些水果是带皮上菜的，例如香蕉，就要用水果刀叉进行扒皮，切块后再插食；对于葡萄，则是直接用手摘下葡萄粒食用吐皮的。

（七）热饮

热饮通常放在最后，用以帮助消化。最常出现的热饮是红茶或咖啡，特别是英国人，尤为中意红茶的清香。

（八）酒

西餐宴请中，酒是必不可少的佐餐搭配。用餐时，使用多少种类的酒取决于菜肴的安排和宾客的需求。通常情况下，不同的酒会搭配不同的食物，例如在食用红肉时，多配以红葡萄酒；食用白肉时，则多配以白葡萄酒等。所以，餐宴中酒一般随搭配的食物，侍者会同时倒对应佐餐的酒。

二、西餐餐具

（一）餐具的摆放

西餐餐具根据菜肴的复杂程度有所不同，下面介绍的是最为通常的摆放方式。

1. 餐盘

餐盘放置于桌边正中间，与餐桌边缘保持一指宽距离。有时摆放垫盘，正式餐盘随每道菜上桌时由侍者端上来。

2. 餐刀、叉

刀叉摆放在餐盘两侧，右侧为刀、左侧为叉，通常刀叉的数量与菜数相等，摆放在餐盘相距1厘米的左右两侧，距餐桌边缘1~2厘米，使

学习笔记

用时按照上菜顺序由外向内使用。

3. 汤匙

汤匙通常摆放在餐刀右侧。

4. 面包盘、黄油刀

黄油刀通常刀刃向内放在面包盘中，面包盘则放在餐盘左上方，距餐叉1~2厘米处。

5. 甜点刀叉或咖啡匙

甜点刀叉或咖啡匙通常放在餐盘上方正中央约2厘米处。叉柄朝左，叉齿朝右朝上；刀、匙柄朝右，刀刃朝内。

6. 杯皿

杯皿一般放置在餐盘右前方，距离餐刀1~2厘米处。一般最内侧最大的是水杯，向右依次是香槟酒杯和葡萄酒杯（先是红酒杯，然后是白酒杯）。

7. 餐巾

餐巾通常摆放在餐盘中。

（二）主要餐具的使用

1. 餐刀、餐叉

（1）手握姿态　用刀时，应将刀柄尾端置于手掌之中，食指按在刀柄上，但不可触及刀背，其余四指握住刀柄。持叉时，具体的姿态可随食物性状的不同而转变；如果食用的为固体肉块，手握姿态则与持刀的一侧基本一致；如果需要盛取细小又松散的食物时，则可以用握汤匙的手握姿态握持餐叉。

刀叉的用法

（2）进餐方式　对于使用刀叉的进餐方式，由于各国文化习惯的不同，也有差别。总的来说，宴席中有多道菜肴的情况下，刀叉应从外侧依次向内取用。

英法等传统欧洲国家，要求在进餐过程中始终右手持刀，左手持叉，切割一边叉而食之。

而如美国等国家在刀叉使用时则不像前者那样严格，在不是十分正式的场合，有时会右刀左叉的把餐盘里要吃的食物全部切好，然后把餐刀斜放在餐盘前方，将餐叉换到右手，叉而食之。

（3）礼仪禁忌　不论何地，不论何种方式，在使用西餐刀叉用餐时，都不宜发出声音；切割时切勿左右开弓，更不要一边切割进食，一

学习笔记

边交谈，有失礼貌；切好后的食物应直接放入口中，不可咬食；将餐刀叉放下时，不可刀刃朝外，餐叉叉齿应朝下。

（4）刀叉暗示　在西餐宴会中，由于为分餐按顺序上菜的方式，所以常常需要使用刀叉来暗示侍者是否可以上菜，同时也方便主人观察客人用餐情况，具体暗示方式分为英式和法式（大陆式）。

①暂时离席：英式摆法是将餐刀、叉左右分开，刀刃朝内、叉齿朝下，呈八字形摆放在餐盘上；法式摆法是将刀叉头相叠后呈八字形摆放在餐盘上，刀刃朝内，叉齿向下。

②用餐完毕：英式摆法是将餐刀、叉并排平行纵向摆放在餐盘里，此时餐刀在右、刀刃向内，餐叉在左、叉齿朝上；法式摆法是将餐刀、叉并排平行横向摆放在餐盘里，餐刀在上、刀刃向下，餐叉在下、叉齿朝上。

2. 餐巾

餐巾是西餐宴会中十分重要的餐具之一，它是用餐者坐下来后的第一个用品，同时也是离席时最后的用品，在用餐整个过程中都会频繁使用。因而，餐巾使用是否合礼，是宴会中体现尊重的重要物品。

认识餐具及餐巾的用法

在正式的餐厅和场合里，一般为75厘米宽的方形白麻纱材质餐巾，有时则为50厘米宽。使用前餐巾通常会被摆放在餐桌或餐盘上，女主人打开餐巾代表宴会的正式开始。

（1）餐巾放置　餐巾应平铺于并拢的大腿上，并将餐巾一侧或一角往前折三分之一到二分之一。餐巾的打开、折放应在桌下悄然进行，不要影响他人。切忌使用餐巾像围兜般挂在胸前，贻笑大方。

（2）餐巾用法　餐巾最主要的作用为擦拭嘴巴，在使用时可拿起餐巾一角，轻轻地按压嘴角即可，切忌揉搓嘴巴。同时，也要注意使用频次，不可频频擦嘴，引人注目。

此外，在用餐时，如果不小心吃到小骨头等异物，也可用餐巾遮掩取出；若用餐时，实在忍不住要咳嗽或打喷嚏，也要注意将脸侧向一边，用餐巾遮掩。但要注意，切忌用其擦汗、擦脸、擦手、擦餐具。

（3）餐巾暗示　在宴会中，除了刀叉的摆放有暗示作用外，餐巾也有类似的暗示摆放方法。

①暂时离席：如有必要暂时离席时，可将餐巾放置在餐椅上（不要放在椅背上），表示还会回到座位。

②用餐完毕：将餐巾简单折叠成四分之一大小或从中间对折一下

学习笔记

（切忌折叠整齐，甚至折回原样），放置在桌面上（通常放在咖啡杯左侧）。注意应等候主人、主宾或女士将餐巾放在桌上后，自己再进行。

3. 酒杯

西餐中杯具多种多样，共计20多种，但一般情况下，餐桌上餐刀上方会摆放3~4只酒杯，如果无法区分，可根据每道菜式，按由外向内的顺序依次取用。

（1）手握姿态　拿取酒杯时，应拿住杯脚，而不要握住杯身。原因是手温会改变酒的温度；而且也容易在透明的杯身上留下指纹，影响观感。

（2）使用方法　侍者或主人倒酒时，不必拿起杯子，但要暂停进食，并停下手上的刀叉使用，以示谢意。

正式场合中，主人敬酒时，举杯到眼睛的高度即可，不要碰撞杯子。每喝完一口酒，应将酒杯放置回原位。

（3）禁忌　应避免将口红或嘴上的油脂印在杯子上，在喝酒前应注意使用餐巾轻按，避免上述情况。

三、常见菜品食用方法及礼仪

（一）汤

1. 正确方法

坐姿端正，左手手腕搭放在桌边，右手拿汤匙；舀取三分之二汤匙的汤（英式由内朝外舀，法式由外朝内舀），一口喝下汤匙里的汤（清汤可横摆着喝，浓汤可直朝嘴的方向喝，避免食物沾到嘴唇）；暂停用餐可将汤匙放置在汤盘内，喝完不再喝时，可将汤匙放置在汤盘内或餐盘上。

使用汤盘时，不要端起；双耳汤碗，则可双手拿起以碗就口；单耳汤碗，使用方法如同咖啡杯。

2. 禁忌

喝汤时口中发出声音；舀汤时，汤匙发出碰撞、刮划餐盘的声音；弯腰弓背，以口就碗；拿面包蘸取汤食用。

（二）面包

从面包篮中拿取一至两个面包放置在左侧面包盘内，用手掰下一口面包，使用黄油刀蘸取涂抹黄油、奶油、果酱、鱼子酱等，送入口中食用。切忌将整个面包直接送入口中。

学习笔记

(三)沙拉

食用沙拉时，如果遇到较大叶子的可用餐刀切成小块后，几片叉食；也可将较软的菜叶折叠成适口的大小再叉食。

(四)牛排

1. 熟度

通常在西餐厅内，点牛排时，侍者会询问熟度。这时通常会有以下几个熟度。

一分熟：Rare；三分熟：Medium Rare；五分熟：Medium；

七分熟：Medium Well；全熟：Well Done。

2. 正确方法

坐姿端正，双肘自然向腋下靠拢，从肉的左侧开始切，逐渐向右。

(五)意大利面

意大利面在佛罗伦萨美第奇家族的女儿嫁给法王亨利二世时，传入法国，后又传播至英国。工业革命时，压面机的发明方便了其大规模生产，进而传遍欧美，成为西餐中常见的饮食。

意面由硬质杜兰小麦制成，不宜软塌，所以可以制作出适合各类搭配，形状各异的面条，依据形状不同，食用方法也不尽相同。

1. 长面

用右手持叉挑出适量（合适一口吃进的）面条，在盘底旋转叉子，让面全部紧卷在叉子上，再一口放入嘴里，切忌吸食。在欧洲国家，正式场合中不会使用汤匙配合，让叉子在汤匙上卷面。

2. 短面

用右手如使用汤匙般握餐叉，用叉子凹处盛起或干脆叉食。

(六)水果

水果种类繁多，不过西餐中很多时候，水果会以切制好的块状拼盘形式出现，不过也会有单一种类的水果会以其他形式出现，主要有以下几类。

1. 整个出现

（1）香蕉　当出现整个香蕉时，应用水果刀叉配合将外皮扒掉，再切割成适口的块状叉食。

（2）猕猴桃　有时此类水果会切掉顶部放置在碗状容器内盛装，此时可以用水果匙来食用。

学习笔记

（3）葡萄 这类水果，只需使用手来进行剥皮食用即可。

2. 带皮出现

哈密瓜、西瓜等瓜类水果，有时会被切成大块带皮出现，此时可以先用刀将果皮与果肉分开，再每次切一口大小食用或全部切成适口块状食用。

四、座次安排

与中餐宴会不同，大型的西餐宴会通常会摆设一至两张长条桌，小型西餐宴请则以一张方桌或长条桌来安排，所以不像中餐宴会频繁涉及桌次排列，更需要关注座次排列。

西餐席位排列

（一）座次排列的规则

1. 女士优先

与中餐宴会不同的是，在西餐礼仪里，女士更优先。在排定用餐位次时，尤其是安排家宴时，主位一般应请女主人就座，而男主人则须退居第二主位。

2. 恭敬主宾

在西餐之中，主宾极受尊重。即使用餐的来宾之中有人在地位、身份、年纪方面高于主宾，但主宾仍是主人关注的中心。在排定位次时，应请男、女主宾分别紧挨着女主人和男主人就座，以便进一步受到照顾。

3. 以右为尊

在排定位次时，按照国际礼仪通则的要求，以右为尊依旧是基本原则。就某一特定位置而言，其右侧之位理应高于其左侧之位。例如，主宾一般会坐在主人的右侧。

4. 距离定位

与中餐位次排列情况相同，一般来说，西餐桌上位次的尊卑，往往与其距离主位的远近密切相关。在通常情况下，距主位近的位置高于距主位远的位置。

5. 面门为上

这也与中餐位次排列规则相同，面门为上，指的是面对餐厅正门的座位，通常在序列上为最高，在西餐宴会中通常为女主人的位置。

6. 交叉排列

正式的西餐宴会一向被视为社会交际场合，所以在排列位次时，要

学习笔记

遵守交叉排列的原则。依照这一原则，男女应当交叉排列，生人与熟人也应当交叉排列，因而西餐宴会中的男女宾人数一般是一致的。

（二）常见座次排列

1. 长桌座位的排列方法

在正式西餐宴会中一般都使用长桌，一种排列方法是将男女主人在长桌中央对面而坐，两端可坐人，也可不坐人，还有一种方法是男女主人分别就座于长桌两端，如图3-8所示。

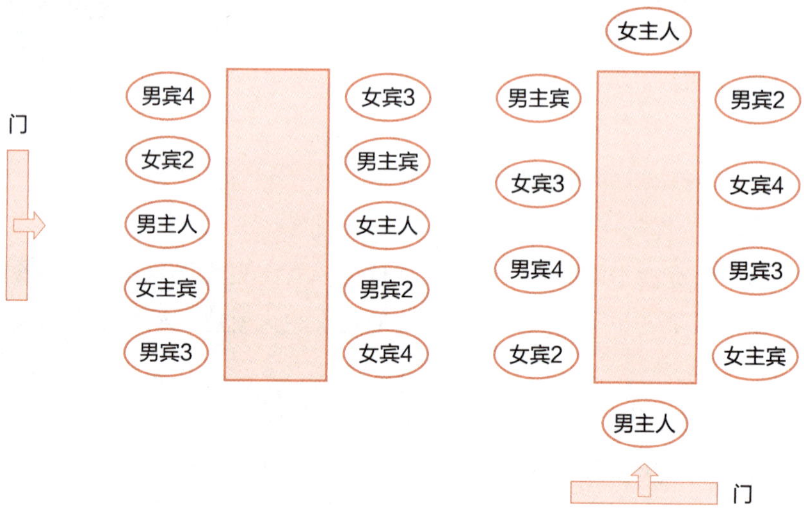

图3-8 长桌座位的排列方法

2. 方桌座位的排列方法

用方桌进行西餐宴请时，就座于餐桌四面的人数应相等。排列座位时，应使男女主人与男女主宾对面而坐，所有人都与自己的恋人坐成斜对角，如图3-9所示。

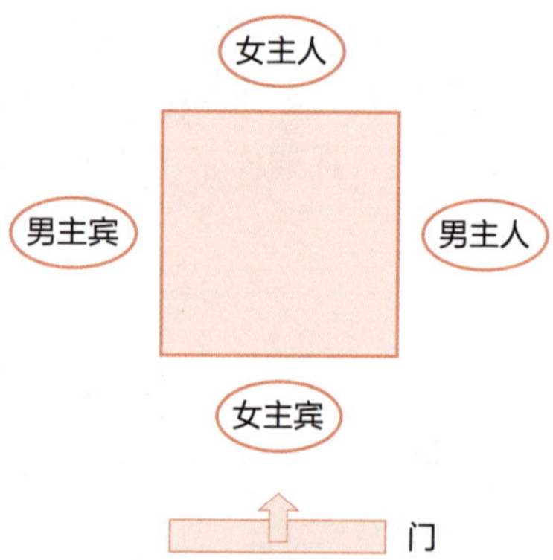

图3-9 方桌座位的排列方法

学习笔记

五、用餐礼仪

1. 穿着得体

外出用餐穿着得体是欧美人的常识。去高档的餐厅，男士要穿着整洁；女士要穿套装和有跟的鞋子。如果指定穿正式服装的话，男士必须打领带。再昂贵的休闲服，也不能随意穿着去餐厅。

2. 女士优先

在西餐宴请中，女主人的地位最高，同时也要注意照顾女宾客，正规的西餐厅里也不会雇佣女侍者。

3. 注意身体姿态

就座时，身体要端正，手肘不要放在桌面上，不可跷足，不可两脚交叉，用餐时要抬头挺胸，在食物送进口中时，要以食物就口，而非弯下腰以口就食物。

4. 就餐时，衣着整齐

进餐过程中，不要当众解开纽扣、拉松领带或脱衣服。如主人请客人宽衣，男宾客可以将外衣脱下搭在椅背上，不要将外衣或随身携带的物品放在餐台上。

5. 不要发出异响

除轻声用餐而外，餐桌、餐椅、餐具等都不可以发出异响。嘴中含有食物时不可与人交谈，咀嚼食物时应闭着嘴巴，不可张嘴发出声响。

6. 不能拒绝对方的敬酒

用餐时不能拒绝对方的敬酒并要表现得热情，即使不能喝酒也要端起酒杯回敬对方，然后将杯子放到嘴边做出喝的动作。不可直接拒绝对方，或双手比划说明不能喝酒。

7. 席间不可吸烟

当热饮上来以后，方可吸烟。但也要查看餐桌上有无烟灰缸，如果没有则表示禁止吸烟；即使有，也应征得左右邻座同意后，方可吸烟。

8. 其他细节注意

用餐时，要注意只能拿靠近自己的食物和其他食物。若需拿取远处东西时，应有礼貌地请就座在其附近的人递送过来，而不可自己站起来伸手去拿。

学习笔记

任务检测

下图所示为举办西餐晚宴的会场，男女主人和嘉宾共计10人，应如何安排参加晚宴人员的席位？

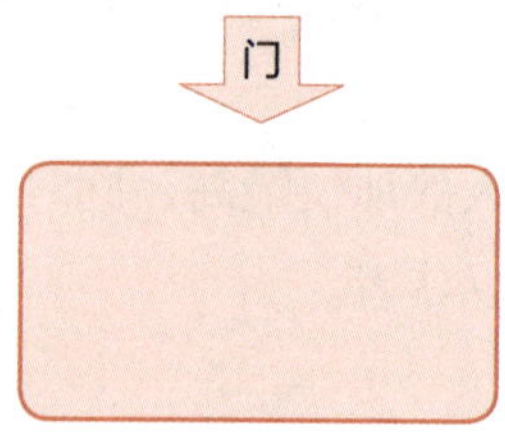

任务3 自助餐安排及用餐礼仪

任务导入

小琴带着团队赴云南旅行，午餐安排的是自助餐，餐食很丰盛，除了有当地特色的米线、汽锅鸡等美食，还有着丰富的水果。用餐结束后，小琴回到大巴车上，团队的阿姨们欣喜地拿出从餐厅里偷偷拿出来的苹果，热情地招呼小琴和她们一起吃。

任务思考

如果你是小琴，你该怎么做？为什么？

任务学习

自助餐也称为冷餐会，是一种非正式的西餐宴会，经常被应用于工作活动中。自助餐之所以称为自助餐，主要是因为可以在用餐时间调动用餐者的主观能动性，用餐者可自行选取食物，形式也不拘一格，来宾可边吃、边走动、边交谈，因此越来越受到中外人士的喜爱。具体的做法是：厨师将烹制好的冷热菜肴及点心陈列在餐厅长条桌上，就餐者在用餐时根据自身喜好随意取食，然后站着或找位置就座，与他人在一起边吃边交流，或自己一人独自用餐。

一、自助餐的安排

学习笔记

自助餐因其具有免排座次、节省费用、照顾多人口味等特点，越来越受到职场人士的喜爱。在工作交际场合中，也经常会以自助餐作为大型会议等活动的主要用餐形式。但是其安排看似简单，却也要考虑用餐者及活动的需要，量体裁衣，才能达到较好的效果。

（一）就餐时间安排

由于自助餐大多用于大型会议等活动的午餐时间，晚餐很少采用。所以一般根据上午活动结束的时间来确定，如果活动不只持续一天，作为安排者应充分考虑到每天活动时间安排的不同，适时调整自助餐时间，以免耽误用餐。

按惯例，自助餐并无正式的起止时间，用餐者可以随到随吃，一般情况下，每次用餐时间不宜超过一小时。

需要注意的是，就餐安排一定要一视同仁，切不可安排部分来宾用自助餐，另外一部分来宾去参加正式宴请，引起不必要的麻烦。

（二）就餐地点选择

选择自助餐的就餐地点，要考虑周到。一般注意以下几点。

（1）为用餐者提供一定的活动空间。

（2）要有足够使用的餐桌、座椅。

（3）考虑就餐地点的环境是否适宜。

（三）食物的准备

（1）要保证充足的供应，但也不要过多造成浪费。

（2）必须注查食物的卫生以及热菜、热饮的保温问题。

（3）要考虑兼顾不同口味，菜品的选择上要口味种类多样。

（四）用餐环节的服务

虽然自助餐的用餐形式不需要主人陪伴，但也应注意用餐环节的服务，令宾客用餐愉快。

（1）要注意照顾好主要宾客，但也不必时刻伴随左右。

（2）应有专人充当引见者，帮助宾客间进行交际。

（3）应安排服务人员做一些辅助性的工作，例如供应食物、酒水，补充食物等，使宾客用餐更加方便。

学习笔记

二、用餐礼仪

作为用餐者，虽然不必像酒席宴会上始终正襟危坐、推杯换盏，但也要注意言行举止文雅，体现个人及企业的素质。

（一）按序取菜

在用餐时，由于开餐时间相同，往往会出现许多人取菜的情况。在这种情况下，应自觉维护公共秩序，排队选取食物，切忌乱取、乱挤、插队取菜。另外，当轮到本人取菜时，也要迅速决定，快速取菜，以免延误后面宾客用餐。

（二）少量多次

自助餐形式的好处就是不用顾忌席间其他成员的喜好，可以尽管取用自己喜爱的食物。但也要注意取用时量力而行，采取少量多次的方法，避免造成浪费。

（三）拒绝外带

由于自助餐用餐形式的特点，所以一般情况下，酒店都会有不成文的规定，即只允许就餐者在用餐场所自行取用，但不可以用餐完毕后携带回去。因而作为职场人士，在参加自助餐时，一定不要将任何食物带出餐厅，以免造成尴尬局面，有损形象。

（四）注意交际

在任何用餐环境中，职场人士都要注意，宴请是一种社交方式，主要目的是为用餐者提供可以交际的场合。所以，在参加自助餐时，无论食物如何可口、种类繁多，都不要一心一意地食用食物，而是要主动寻找机会，积极地进行交际活动。

任务检测

小贝带政务团共计30人对秦皇岛市进行游览，团队成员皆来自山东济南，他在安排团队午餐时，应该注意考虑哪些？

任务4 酒水宴饮礼仪

学习笔记

任务导入

小贝作为领队带团赴欧洲旅行，在游览佛罗伦萨地区时，部分团队成员选择自费体验当地有名的牛排料理，并想让小贝提前安排帮他们挑选一瓶可以搭配的酒。

任务思考

小贝应该为大家选择什么类型的酒比较合适？

任务学习

一、酒水种类

（一）按制造方法分类

1. 蒸馏酒

蒸馏酒是指将经过发酵的原料加以蒸馏提纯，以获得含有较高度数酒精的酒液。通常此类酒液经一次、两次甚至多次蒸馏，如中国的白酒，国外的白兰地、伏特加、威士忌等。

2. 发酵酒

发酵酒又称非蒸馏酒，是指在生产过程中经过发酵但不需蒸馏，得到的酒液。它是以富含糖质、淀粉的果类、谷类为主要原料，添加酵母或其他催化剂，经糖化发酵而成的含酒精的饮料。比如中国的黄酒，国外的啤酒、葡萄酒和其他果酒等。

3. 配制酒

配制酒又称再制酒，常用混合、勾兑等方式配制。例如制作药酒时，就是将蒸馏后得到的高度酒液或发酵后经过滤清的酒液放入不同药材，然后装入容器中密封起来。经过一段时间后，药材的成分就溶解于酒液中，人饮用后便会得到不同的治疗效果和刺激效果。又如鸡尾酒，就是将几种不同的酒液加入其他饮料或食物混合而成的酒液。

学习笔记

（二）按酒精含量分类

1. 高度酒

高度酒是指酒精含量在40%以上的酒。

2. 中度酒

中度酒是指酒精含量在20%至40%之间的酒。

3. 低度酒

低度酒是指酒精含量在20%以下的酒。

二、中餐酒水礼仪

自古“酒”就有“久”“有”“寿”的象征，中国酒文化历经数载而不衰，酒依然在许多场合使老友新朋关系融洽。善于饮酒的人，不仅能饮，而且会饮。职场人员要真正做到善用酒水，合乎礼仪。

（一）准备酒水

宴会主人要同时准备多种酒，如白酒、红酒、啤酒等，还要为不饮酒的宾客准备好果汁饮料。

酒水的主要功能是在用餐时开胃助兴。如果要使酒水正确的发挥这一作用，就必须懂得酒菜搭配之道。

正式中餐宴会通常会有白酒和葡萄酒。而每位用餐者面前桌面的正前方，排列着大小不等的三个杯子，它们是白酒杯、葡萄酒杯、水杯。

具体来讲，在搭配菜肴方面，中餐所选的酒水讲究不多。爱喝什么酒就可以喝什么酒，想什么时候喝就什么时候喝。通常，正规的中餐宴会不上啤酒，在便餐、大排档中，啤酒最为多见。

（二）斟酒礼仪

1. 接受斟酒的礼仪

（1）接受主人斟酒　主人斟酒时，宾客必须端起酒杯致谢，应起身站立或欠身点头致谢，也可以使用“叩指礼”表示谢意。

（2）接受服务员斟酒　服务员斟酒，不必拿起酒杯，但也需要向服务员致谢。

2. 主人为来宾斟酒礼仪

（1）当场启封　主人为来宾斟的酒，应是本次宴会最好的酒，并当场启封。

（2）一视同仁　要面面俱到，一视同仁，切勿只为个别人斟酒。

（3）注意顺序 一般以顺时针顺序，从自己所坐之处开始，也可以先为尊长、嘉宾斟酒。

（4）斟酒适量 白酒、啤酒可以斟满，所谓“酒倒满杯，心诚敬人”，其他酒不用斟满。

（三）敬酒礼仪

（1）宴会上先由主人向来宾敬酒，主人敬酒后，来宾要回敬主人，在宴席规模较大时，主人则应依次敬酒，各桌可选一位代表到主人所在餐桌上回敬。

（2）客人不宜先向主人敬酒，长辈不宜先向晚辈敬酒。

（四）饮酒礼仪

喝酒能反映一个人的格调、品味和修养。每个人酒量都不同，同一个人不同时间、不同心情的情况下，酒量也不同。了解自己的酒量，适当饮酒，避免醉酒失态。

三、西餐酒水礼仪

在正式的西餐宴会，酒水也是主角。与中餐的酒水相比，西餐酒水要丰富得多，有关酒水礼仪也有多方面的要求。

（一）准备酒水

西餐宴会酒水，分为餐前酒、进餐酒、餐后酒三种。

1. 餐前酒

餐前酒又称开胃酒，意思是“增加食欲的东西”。是在正式用餐前饮用的，有时会与开胃菜同时食用，目的是刺激食欲，但不能喝太多。

餐前酒因国而异。如，美国餐前酒为鸡尾酒、威士忌、啤酒；英国餐前酒为葡萄酒、鸡尾酒、威士忌、啤酒；法国餐前酒为葡萄酒、威士忌、马丁尼。

2. 进餐酒

进餐酒也称佐餐酒，是在正式用餐期间饮用的酒水，西餐进餐酒均为葡萄酒。

在正餐或宴会上选择进餐酒，有一条重要的原则，即“白酒配白肉，红酒配红肉”。白肉指鱼肉、海鲜、鸡肉等，吃此类肉，需要以白葡萄酒搭配。红肉指牛肉、羊肉、猪肉等，吃此类肉时，应搭配红葡萄酒。

3. 餐后酒

餐后酒又称消化酒，是帮助消化的意思。常见的餐后酒是利口酒，又名香甜酒。最有名的餐后酒，则是具有“洋酒之王”美称的白兰地酒。白兰地酒精含量大约42%或43%，具有代表性的有法国科涅克地区产的白兰地。

（二）斟酒礼仪

在西餐宴会中，大多数情况下，是由侍者来为宾客斟酒的。如果侍者没有注意到宾客的酒杯空了，一般会习惯由男士为女士斟酒，女士是不必回倒的。

倒酒时，应将酒瓶上的酒标朝上。如果是陈年好酒，需要给酒以更多的氧气来醒酒，倒酒杯的三分满即可；如果是普通的葡萄酒，通常会倒酒杯的六七分满。

另外，需要注意的是，在饮用白葡萄酒时，如果杯子里还有酒的话，为保持酒的低温温度，一般不添酒，而要等整杯饮尽后才添酒。

（三）敬酒礼仪

在西餐宴席间，饮用葡萄酒时，一般只有在开餐后由主人提议，全体宾客一同“干杯”，此时大家举杯到眼睛的高度即可，不需碰撞杯子。而在此之后，宾客间饮酒自欢，很少会互相频频敬酒。

（四）饮酒礼仪

当侍者或其他人为你斟酒时，不必拿起杯子，但手上正在使用的刀叉等餐具应暂停，表示谢意。

西方对于不同酒类会使用不同的酒杯，以便让不同酒种的特色和味道发挥到极致。承装葡萄酒一般会使用高脚的水晶玻璃杯，在使用这类酒杯饮酒时，应注意尽量不要用手触碰杯身，而是应拿住杯脚，这一方面可以避免留下手纹，更重要的是防止手的温度改变酒温，影响口感。

女士应避免将口红印在杯口处，更不能用手指或餐巾擦拭口红印记。正确的做法是在饮酒前，用餐巾轻按嘴唇或使用不沾杯的唇部彩妆。

在西餐宴会中，餐具的位置不可随意乱放，饮酒时应注意每喝完一口应将酒杯放置回原来的位置（通常为餐盘右上角）。

任务检测

学习笔记

中西方餐宴饮酒礼仪有哪些相同点和不同点？

任务 5　咖啡、茶宴饮礼仪

任务导入

小琴作为领队带团赴伦敦旅行，行程中安排了体验当地传统英式下午茶的自费项目，许多游客报名体验，并希望在体验前小琴能为大家介绍英式下午茶的相关知识。

任务思考

1. 传统英式下午茶饮用的茶水是什么种类的茶？
2. 英式下午茶的内容包含什么？

任务学习

一、咖啡饮用礼仪

（一）咖啡的种类

1. 按产地划分

不同咖啡产区的气候、盛行品种、处理方式等都大不相同，而这些条件就是决定咖啡最后风味的关键因素，每个产区各有基本特色。

（1）巴西咖啡　巴西是世界上最大的咖啡生产国，有庞大的商业咖啡产量。顶级巴西咖啡豆最有名的是它的劲道、细致的风味差异及平衡感，很适合用来作成综合豆，调和出温和、干净、酸度低的口感，有时还带点牛奶巧克力、樱桃及檫树风味。

（2）哥伦比亚咖啡　哥伦比亚也是美洲重要的咖啡产区，这里出产的咖啡口味相当纯净均衡，醇厚饱满，风味缤纷丰富，甚至可以尝到热带水果调的蔗糖甜味。

（3）埃塞俄比亚咖啡　埃塞俄比亚是阿拉比卡种的原产地，在咖啡

学习笔记

界占有特殊的一席之地。许多咖啡爱好者对于埃塞俄比亚咖啡情有独钟，尤其得知某些豆子就产自世界上最古老的咖啡树种时，更大大增加了埃塞俄比亚产地在其心目中的公信力。产于当地小镇耶加雪啡的咖啡，成为精品咖啡的代名词。

（4）肯尼亚咖啡　肯尼亚咖啡以酸度出名，在品质及业界做法方面也享有良好声誉。当地最出色的咖啡，风味多重缤纷，浓郁果香中透着莓果调性；口感深刻厚实，香气十足，某些品种甚至还带有甜味及酒香。

（5）印度尼西亚咖啡　亚洲的印度尼西亚也是咖啡的主要产区之一，印尼咖啡豆为人熟知的特征是外表深黑，浑厚饱满，香气芳醇，近似肉香。其中产于苏门答腊的曼特宁咖啡，风味非常浓郁，香、苦、醇厚，带有少许的甜味。一般咖啡的爱好者大都单品饮用，但也是调配混合咖啡不可或缺的品种。

2. 按萃取方式划分

（1）意式咖啡　因做法起源于意大利而得名，是利用蒸汽压力，瞬间将咖啡液抽出的咖啡萃取方式。所有牛奶咖啡和花式咖啡都是以其为基础制作的，常见的意式、花式咖啡有以下几种。

①意式浓缩咖啡（Espresso）：以7~8克深度烘焙的综合咖啡豆，研磨成极细的咖啡粉，经过9个大气压与92℃左右的高温热水，在15秒的短时间内急速萃取30毫升的浓烈咖啡液体称之为“Espresso”。一杯成功的“Espresso”，其最大特色就是香浓与口感的凝聚，一般正统的喝法是等待咖啡出来的时候，一口喝掉。

②拿铁咖啡（Latte）：拿铁其实是意大利语“牛奶”的意思，因而如果在意大利想点一杯牛奶咖啡的话，要说“Caffè Latte”才行。拿铁咖啡的成分是三分之一的意式浓缩咖啡加三分之二的蒸鲜奶，一般不加入奶泡（意式做法）。

③卡布奇诺（Cappuccino）：卡布奇诺是一种加入意大利特浓咖啡和蒸汽泡沫牛奶相混合的意大利咖啡。此时咖啡的颜色，就像卡布奇诺教会的修士在深褐色的外衣上覆上一条头巾一样，咖啡因此得名。传统的卡布奇诺咖啡是三分之一浓缩咖啡、三分之一蒸汽牛奶和三分之一泡沫牛奶，并在上面撒上小颗粒的肉桂粉末。

④摩卡咖啡（Mocha）：它是由意大利浓缩咖啡、巧克力酱、鲜奶油和牛奶混合而成的一种古老的咖啡。15世纪，也门小镇摩卡垄断了咖啡的出口贸易，对销往阿拉伯半岛区域的咖啡贸易影响特别大。这里出

学习笔记

产的“巧克力色”的咖啡豆，让人产生了在咖啡混入巧克力的联想，并且发展出巧克力浓缩咖啡饮料，被称为摩卡咖啡。

（2）滴滤式咖啡　滴滤式萃取方式最大的表现是过滤，把研磨后的咖啡粉放置在滤杯（过滤器具）中，通过注水方式萃取咖啡中的咖啡物质并过滤咖啡粉获取咖啡液。通过手动完成萃取的滴滤式咖啡又被称为手冲咖啡。这种方式萃取的好处是层次感更为丰富，同时由于萃取时间的缘故，通常咖啡因含量也要高于同等容量的意式咖啡。

最常见的美式咖啡的做法就是用滴滤式咖啡壶制作出的黑咖啡，或者是意式浓缩中加入水制成。

（3）浸泡式咖啡　是一种把咖啡粉浸泡在水中萃取，最后过滤咖啡粉渣的方式。例如常见的使用法压壶、摩卡壶制作的咖啡，还有冷萃咖啡等冰酿咖啡。这种萃取方式的醇厚度较高，操作难度较低，更容易保证咖啡的原本味道，咖啡因含量通常要高于前两种萃取方式。

（二）咖啡饮用最佳时间

饮用咖啡的时间一般安排在早餐及午餐后，因其可促进肠胃蠕动，帮助消化，分解高热量、高脂肪食物，也不会因空腹饮用对肠胃造成刺激。咖啡不宜在晚餐过后饮用，以防对睡眠造成影响。

（三）饮用咖啡的礼仪

（1）控制饮用量　在宴会或其他社交场合，饮用咖啡和其他饮品主要是起到一种交际桥梁的作用，与食物一样并不是此时的主角。另外，咖啡中含有的咖啡因，少量摄取无妨，但对于部分咖啡因敏感人群，饮用过多会严重影响睡眠，甚至引起心悸等症状。因而，在社交场合一定要注意控制饮用量，细细品尝，也会使仪态更为得体合礼。

（2）自主文明添加配料　添加诸如方糖、牛奶等配料时应尽量自主添加而不应随便代他人添加。而且在添加时，自然大方、温文尔雅，尽量避免不卫生、不得体的做法。

（3）喝咖啡的方法。

①杯子的握法：不可双手握杯，也不可用手托着杯底，不可俯身就近杯子去喝，不可用手端着碟子去吸食咖啡。应伸出右手，用拇指与食指握住杯耳，轻缓端起杯子。

②咖啡匙的使用：不可用匙去舀起咖啡来饮用，不可让咖啡匙在杯中“立正”，不用时应将其平放在咖啡碟里。

学习笔记

③给咖啡加糖：给咖啡加糖时，砂糖可以用咖啡匙舀取，直接加入杯内；如果是方糖，先用糖夹将方糖放于咖啡碟的近身一侧，再用咖啡匙把方糖放入杯中，这样可以避免咖啡溅出，而弄脏衣服。

二、饮茶礼仪

茶礼

（一）茶叶的种类

1. 绿茶

绿茶是指一种非发酵茶。由鲜茶叶经杀青、揉捻、干燥等工序制成。叶色青绿。以水沏茶，清香爽口，稍带苦涩味，回味甜。名茶有洞庭碧螺春、西湖龙井、六安瓜片等。

2. 红茶

红茶是全发酵茶。色泽乌黑油润，沏出的茶色红艳，具有特别的香气和滋味。名茶有安徽的祁门红茶。

3. 乌龙茶

乌龙茶又称“青茶”，一种半发酵茶。茶叶边缘发酵，中间不发酵。由鲜叶经萎凋、摇青（轻度发酵过程）、揉捻和干燥等工序制成。叶色青绿或边红中青。水沏后，茶水呈现橙黄或淡金黄色，香味兼有红茶和绿茶的特点。名茶有福建武夷山的大红袍、安溪铁观音、台湾的冻顶乌龙等。

4. 黄茶

黄茶是不发酵茶类，它的加工工艺与绿茶相似，但多了一道焖黄。即鲜叶、杀青、揉捻、焖黄（或在杀青后，或在干燥中途）、干燥。名茶有产自湖南岳阳洞庭湖的君山银针。

5. 黑茶

黑茶是全发酵茶。主产区为四川、云南、湖北、湖南等地。黑茶采用的原料较粗老，是压制紧压茶的主要原料。制茶工艺一般包括杀青、揉捻、渥堆和干燥四道工序。黑茶按地域分布，主要分为湖南黑茶、四川黑茶、云南黑茶（普洱茶）及湖北黑茶。

6. 白茶

白茶是指一种采摘后，不经杀青或揉捻，只经过晒或文火干燥后加工的茶。名茶有产自福建省的白毫银针。

7. 花茶

花茶又称香片，是由各种花香熏制而成的茶叶。最大的特点是冲泡沏水后芳香扑鼻，口感浓郁，味道鲜嫩。花茶一年四季都可以饮用。最受欢迎的是茉莉花茶。

（二）泡茶的水温

（1）普通绿茶、花茶、红茶应将水温控制在85~90℃。

（2）对于一些较为细嫩的茶叶，例如六和春蕊毫、碧螺春等，则应将水温控制在75~80℃。

（3）如果是泡制乌龙茶，则可将水温控制在95℃左右，但也应依茶叶、焙火、发酵程度而定。

（三）茶具的选择

茶具分为储茶用具、泡茶用具和喝茶用具。储茶用具要求防潮、避光、隔热、无味。最好选用特制的茶叶罐，例如竹罐、铝罐等，尽量不要用玻璃罐、塑料罐，更不要长时间以纸张包装和存放茶叶。

（1）普通绿茶可用浙江龙泉青瓷杯或者景德镇青花盖杯。

（2）明前、名优绿茶可用玻璃杯或白瓷敞口杯。

（3）花茶宜用釉色盖碗或者福建脱胎漆器壶杯。

（4）红茶宜用广州织金彩瓷杯或宜兴紫砂壶或涂白釉紫砂杯。

（5）乌龙茶宜用潮汕工夫茶具或福建乌龙茶具。

（四）敬茶的要求

一般情况下，敬茶的要求有以下几点。

1. 洁净的茶具

在敬茶前，一定要把茶具洗干净，尤其是放置许久未用的茶具更要细心地用清水刷洗一遍。

在冲泡前，还可以用开水烫一下茶壶、茶杯，既讲究卫生，又显得礼貌周到。如果是用一次性的纸杯倒茶，则应在倒茶前将杯子套上杯托，以免客人饮用时烫手。

2. 适量的茶水

冲泡茶叶时，茶叶应适量，过多味道过浓，过少没味道。同时要兼顾客人的口味，以其喜好冲泡。不宜在客人面前取茶，更切忌用手抓取茶叶，应用专业的茶勺拿取，或直接用茶罐将茶叶倒入茶壶、茶杯。倒茶时，茶水不宜倒得过满，应以八分满为宜，以免溢出；但也不可过少，以免引起误解，使客人误以为主人是装模作样，不是诚心诚意。

学习笔记

3. 双手奉茶

按照中国传统礼仪，应用双手将茶递送给客人。对于有杯耳的茶杯，应用一只手抓住杯耳，另一只手托住杯底，将茶端给客人。

4. 奉茶顺序

在家中待客时，应由家中晚辈或服务人员为客人上茶：如遇重要客人，则最好由女主人亲自奉茶。在工作场合中，一般应由秘书、接待人员为来宾奉茶；如遇重要客人，则应由本单位在场职位最高者亲自奉茶。

奉茶时讲究顺序，可遵循先客后主、先主宾后次宾、先女后男、先长辈后晚辈的原则；也可以距离最近的人为起点，按序依次上茶：还可按照客人先来后到的顺序上茶。

（五）品茶的方法

1. 小口慢饮

饮茶时应小口小口地仔细慢饮品味，切不可大口吞咽或者喝得咕咚咕咚的响。

2. 入乡随俗

茶起源于中国，后来又传播到亚洲及世界其他地区，由于各国文化的差异，饮茶的习俗也不尽相同。例如，西方许多国家饮茶时喜欢加入柠檬、蜂蜜、牛奶等；而日本人崇尚茶道，并将其作为陶冶人的心灵的一种艺术，以茶道招待客人，重在渲染一种气氛。

任务检测

说明下列茶的主要产地、类别、适宜的冲泡器具。

1. 西湖龙井 2. 铁观音

3. 普洱茶 4. 正山小种

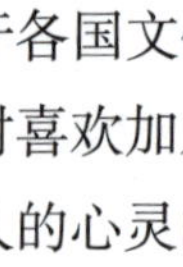

项目小结

“民以食为天”，旅游活动要素中饮食也是最为重要的一项。作为导游，如何将各地的饮食文化，特别是餐宴礼仪文化传播给更多的游客，也是“传播好中国声音”的重要任务之一。在本项目中，我们对中西餐宴会中的用餐礼仪、座席排列、宴席安排等方面的礼仪进行了学习；就旅游活动中常见的自助餐形式的餐宴礼仪进行了总结；同时学习了酒水及咖啡、茶等的餐宴礼仪。

学习笔记

项目练习

扫描二维码检测项目学习情况。

学习笔记

项目四 会议礼仪

会议礼仪

项目综述

在日常工作中，组织或出席会议是一项十分重要的活动。合礼地筹备会议，使得与会者能够顺利进行内容商谈；得体地出席会议，提升自身在工作中的形象并在会议中发挥作用，是同样作为职场人士的导游及旅游工作者的必备技能。

内容结构图

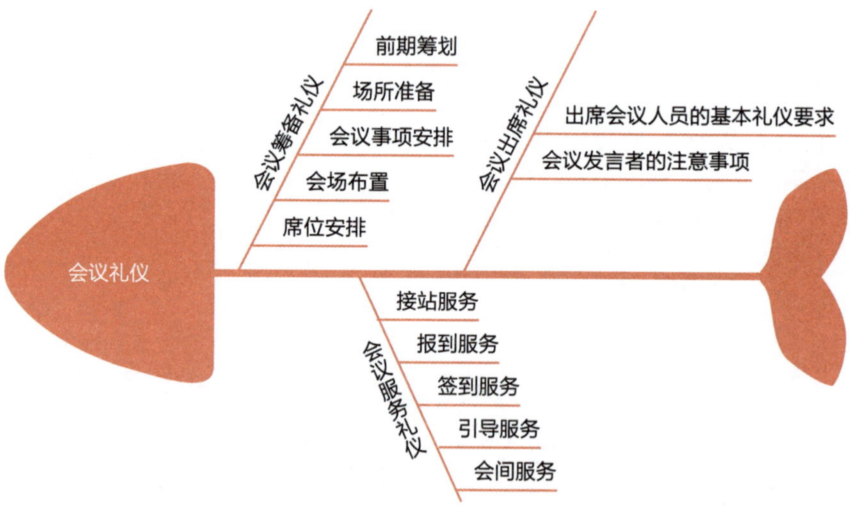

学习目标

知识目标	能力目标	素质目标
熟悉会议筹备、服务及出席的基本礼仪规范。	能够完成会议筹备服务工作、合礼地出席会议。	能够在日常交往中尊重他人。

学习笔记

案例导入

某市举行某类产品推介会的筹备会议，会议将于当日上午9点准时开始。8点55分时，会议主持者发现，还有不少与会人员在陆陆续续进场。由于出席会议的很多都是本市同行业的从业人员，互相比较熟悉，所以大家都在互相寒暄中找着自己的位置。直到9点10分安静下来，会议才正式开始。

会议时间原定大约要1小时，期间许多与会人员都昏昏欲睡，还有不少业务比较繁忙的人进进出出地接打电话，甚至还有电话铃音响起。最终，10点50分会议才顺利结束。

案例解析

在这个案例中，与会人员违反了一系列的会议礼仪规范，使得会议不但推迟举行，甚至拖延了会议时间，没能按时结束。例如，会议开始前部分与会人员未能提前到场，进入会场后未能有序就座而是互相寒暄；会议进行时，未能专注会议内容，未能将电话静音，随意出入，喧哗吵闹等。

思考

作为与会人员，出席会议时应注意哪些基本礼仪？

任务1　会议筹备礼仪

任务导入

小琴和小贝所在的旅行社要进行年终总结会议，同事小海负责会议的筹备工作。

任务思考

学习笔记

1. 小海应该首先做什么?
2. 小海在筹备会议的过程中需要考虑哪些事项?

任务学习

会议的筹备工作是一项系统地、繁杂地工作，需要按照一定的规划，考量许多事项，才能使会议最终顺利进行。

一、前期筹划

(一)确定会议主题

在筹备会议前，应先确定会议的主题，即会议的指导思想。因为会议的形式、内容、任务等，都需要在主题确定之后才能够依次加以确定。

(二)确定会议名称

根据会议的主题拟定相应的会议名称，会议名称应言简意赅，主题鲜明。

(三)确定会议规模和规格

根据会议主题、内容，来确定会议的规模，进而确定接待规格，在进行这一工作时，应按需制定，切忌铺张浪费。

(四)确定会议时间、会期

根据会议的紧急程度、日程安排、会议内容以及考虑大多数与会者工作时间，进而确定会议时间及会期的长短，应注意提高会议效率，省去不必要的会议时间，但也应留出应急时间，避免会议中发生延误等情况而措手不及。

(五)确定会议所需用品和设备

根据会议主题、内容及规模确定会议所需用品和设备，以便提前准备及购买，例如悬挂的条幅等用品，应充分考虑其制作周期；而音响及多媒体设备需要提前准备并调试。

（六）确定会议组织机构

根据会议主题及内容确立相应的会议组织机构，并将会议筹备工作交由相应的组织机构来进行，要做到分工明确，责任到人。

（七）确定与会人员名单

根据会议主题和内容确定与会人员名单，以便尽早通知并确认会议日程。

二、场所准备

会议场所的准备是又一项重要工作，场所的确定直接影响会议的效果，通常在进行会场选择时，应依据以下因素。

（1）场所地点交通是否便利。

（2）是否符合会议规模和档次。

（3）会议举行时间内场所是否有档期。

（4）会议场所周围环境是否安静，避免在噪声过大的地方举行会议，影响会议效果。

（5）会议地点停车位、住宿、用餐等情况是否能够满足需求。

（6）是否能满足会议所需的各种设备且设备状态良好，例如照明、音响、空调、多媒体等。

（7）相比较租用费用，性价比是否最高。

三、会议事项安排

（一）安排会议议程与日程

根据会议内容及已确定的会期，来安排会议议程与日程，要注意充分考虑会议的发展进程及与会人员是否能够劳逸结合，合理安排时间。

（二）制发会议通知

会议通知是会议主办单位发给与会单位和个人的书面通知。通常，应当提前一定时间发至与会单位或个人手中，以便其能够及早安排日程并做参会准备。

会议通知应尽可能的简单明了，应包括会议的名称、目的、内容、时间、地点、路线、会期时间段、出席嘉宾、参会要求（与会人员准备什么、携带什么等）等，做到让与会者在参会前对会议有初步了解。

学习笔记

与会人员接到通知后，应向会务组报名。告知将参加会议，以便大会发证、排座位、安排食宿等。

（三）制作会议证件

确定与会人员后，应着手制作会议证件，证件应注意要易辨识，某些会议应要求与会者提供照片，并印发在会议证件上，以保证会议安全顺畅。

（四）准备会议文件

会议文件根据会议议题准备，即会务组在会前准备的“XX会议文件”。文件较多的会议，还应对文件进行编号，编号按会议顺序编定。会议所用的各项文件，均应在会前准备好，装入会议文件袋，在与会人员报到时分发。

四、会场布置

会场要结合会议性质、内容进行布置。大、中型会议往往要设主席台。会场的布置应该包括会标、会徽、台幕、标语、桌签、色调、灯光、气味、旗帜、花卉等方面。此外，还必须安排好音响、照明、通信、录音、照相、录像以及会间茶歇等。

大型会议还要安排好进场、退场的路线。会场的布置应充分考虑会议的主题、形式、内容等方面的情况，适时调整布置风格和所需物品。

在进行布置前，应做好必要的计划和准备，并应考虑实际操作中可能会出现的各种情况，准备时应预留出部分余量，并派专人保存、管理和布置相应的物品，避免由于保存不善而丢失或布置时由于分工不明确而手忙脚乱甚至出现错误。

五、席位安排

有些会议往往要对会场按系统或单位进行划分，分设代表席、工作人员席、记者席等。座次的安排，主要指主席台上除了主持人和讲话人外，还要有领导人员。对这些人员，必须事先确定并逐一落实，位置按党政机关规定的顺序排列，最好摆放桌签，以便届时对号入座。话筒要摆放在最佳位置，如讲话人较多，则应多备几组话筒。

学习笔记

（一）大型会议席位安排

一般情况下，大型会议的位次都会分为主席台与群众席，通常还会安排发言席，如图3-10所示。

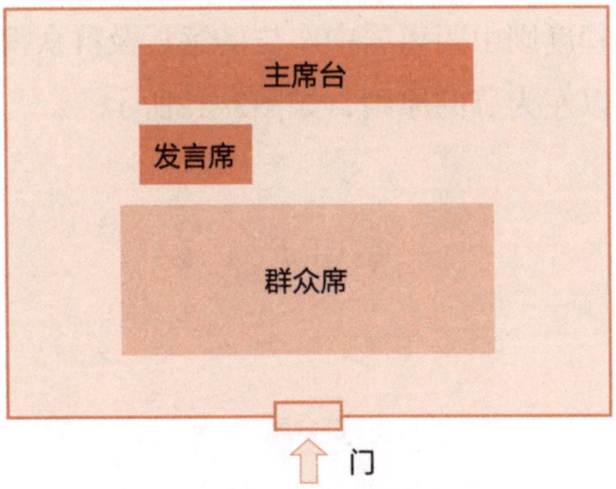

图3-10　大型会议席位安排

发言席可以设置在主席台前方中央位置，也可以设置在主席台右前方位置。

1. 国内大型会议主席台成员排位原则

国内的大型会议中，尤其是政务性会议通常主席台成员排位遵循的原则是：以前为尊，居中为尊，以近为尊，以左为尊，如图3-11所示。

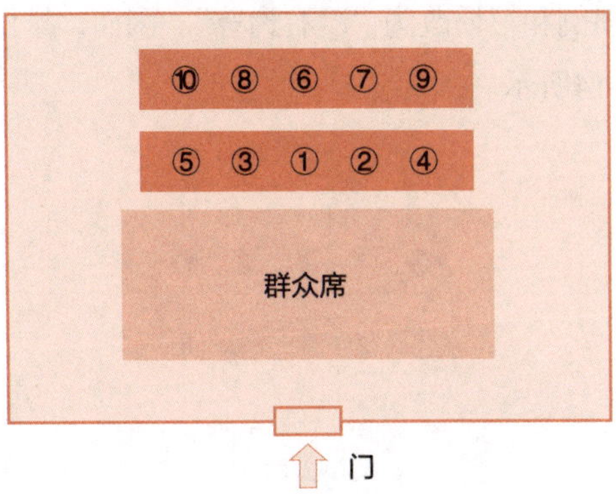

图3-11　国内大型会议席位次序安排（每排单数，双排）

（1）以前为尊　当主席台设置座位不只一排时，越靠前靠近群众席的一排为尊。

（2）居中为尊　在同一排主席台的座位中，中间的座位为尊。

（3）以近为尊　是指同一排中越靠近中间座位的位置越尊贵。

（4）以左为尊　是指同一排中靠近中间座位距离相等的左右两个

学习笔记

座位中，以居中座位的领导方向为准，其左侧的位置比右侧的位置更尊贵。

而当主席台座位数为双数时，仍然依据上述标准。这时，居中的座位数为两个，以群众视角为准，左侧的座位要比右侧的座位更为尊贵，其他座位的尊贵程度则由距离居中座位的远近及群众视角来决定，同样遵循以近为尊，以左为尊的原则，如图3-12所示。

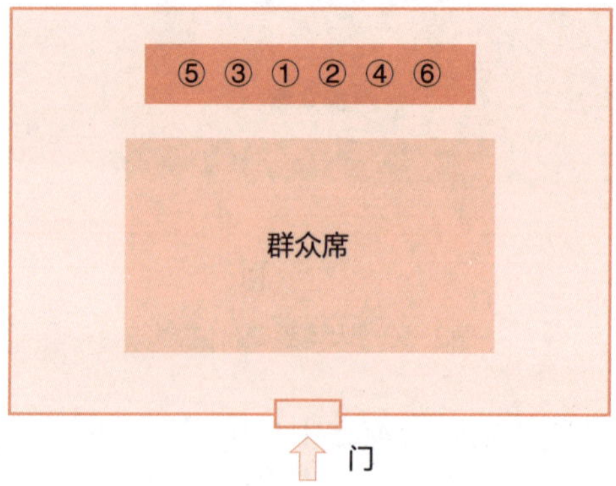

图3-12 国内大型会议席位次序安排（每排双数，单排）

2. 涉外大型会议主席台成员排位原则

在一些涉外的大型会议中，主席台成员的排位原则的前几项与国内会议相同，仍然是“以前为尊，居中为尊，以近为尊”，只有原本的“以左为尊”按照国际惯例和习惯改为“以右为尊”。因而，排位也会有所变化，如图3-13和图3-14所示。

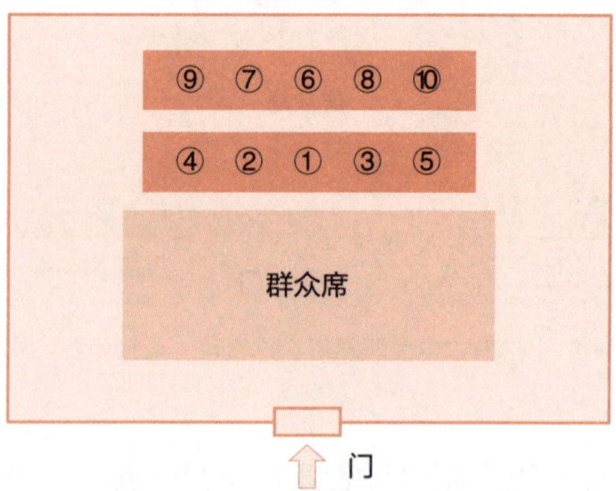

图3-13 涉外大型会议主席台成员排位（每排单数，双排）

学习笔记

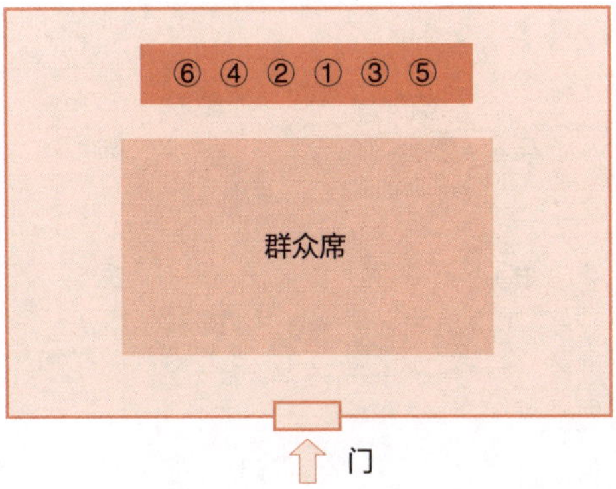

图3-14　涉外大型会议主席台成员排位（每排双数，单排）

（二）小型会议的席位安排

小型会议的安排一般会选择长桌、椭圆桌或U型桌来进行，其中椭圆桌比较有利于与会人员交换意见。

1．国内小型会议席位排列原则

坐席安排方式一般遵循“以远为上，以左为尊，自左而右”的原则，也就说距门最远的会议桌的一端为最为尊贵的位置。其他与会者的位次则以主席之位为准，以左为尊，自左而右依次排列，如图3–15所示。

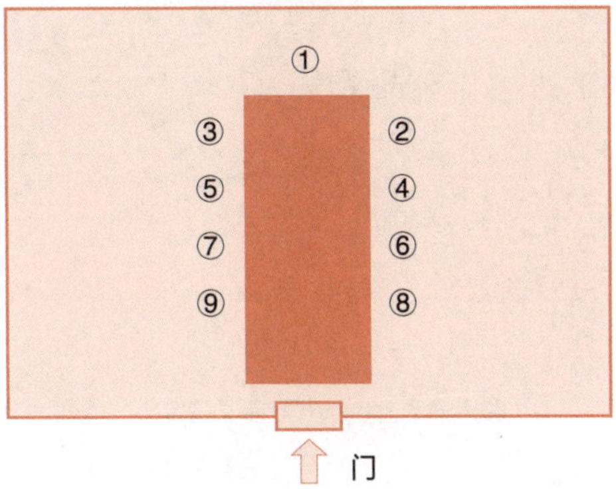

图3-15　国内小型会议席位排列

如果会议两方不同的单位、企业或上下级时，则应将相对受尊敬的一方，例如宾客方、上级等，安排在面门一侧的位置，以示尊重。每方座次的安排则应参照主席台排列原则，遵循“以前为尊，居中为尊，以近为尊，以左为尊”的原则，如图3–16所示。

学习笔记

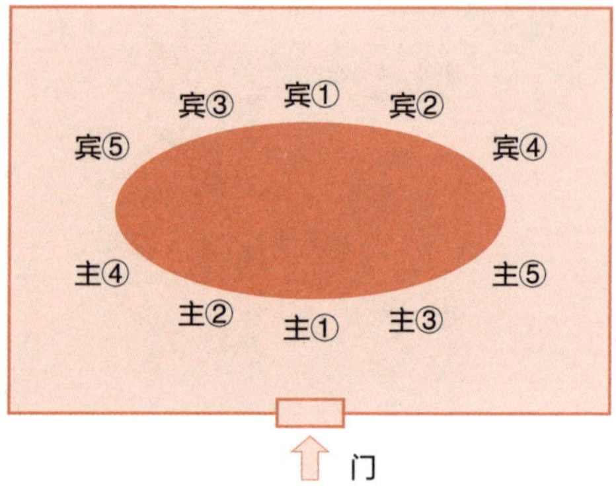

图3-16 国内小型会议席位排列（主宾双方）

2. 涉外小型会议席位排列原则

涉外小型会议的坐席安排方式同样在前一项上与国内相同，遵循“以远为上”的原则，离门最远的座位为尊，后两项上与国内会议相反，依据国际惯例，遵循“以右为尊，自右而左”的原则，如图3-17所示。

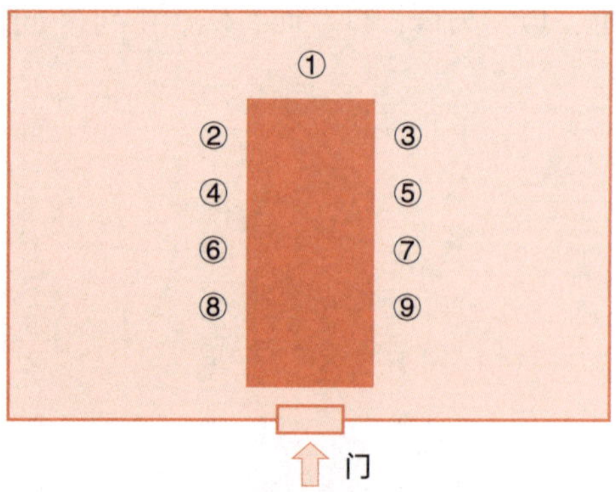

图3-17 涉外小型会议席位排列

如果会议为双方进行，则同样遵循“以远为尊”，将相对受尊敬的一方，例如宾客方，安排在面门一侧的位置，以示尊重。每方座次的安排则应参照涉外会议主席台排列原则，遵循“以前为尊，居中为尊，以近为尊，以右为尊”的原则，如图3-18所示。

学习笔记

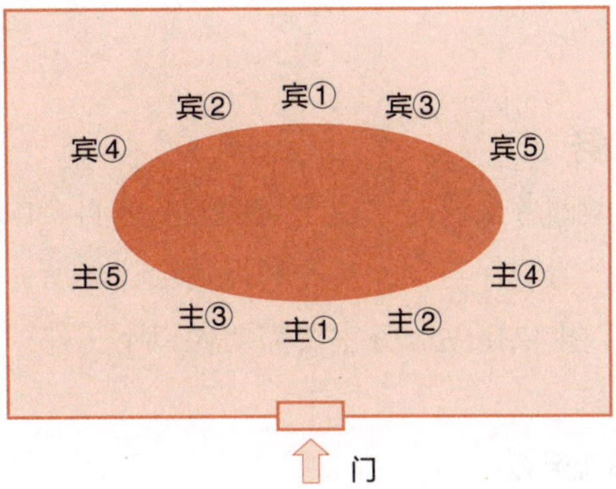

图3-18　涉外小型会议席位排列（主宾双方）

任务检测

某旅行社进行业务交流会议，下图所示为会议举办场地示意图，参会人员有旅行社总经理1人及其他工作人员共计10人，总经理应坐在哪里？其他与会人员的座位排序应该是怎样的？

任务 2　会议服务礼仪

任务导入

其他企业来旅行社进行合作洽谈会议，小琴和小贝负责会议相关服务工作。

任务思考

1. 他们需要做哪些准备？
2. 服务过程中有哪些注意事项？

学习笔记

任务学习

一、接站服务

举办某些大型商务会议时，由于与会人员来自全国各地乃至世界各地，作为东道主，为确保与会人员顺利抵达会议场所，需要提供接站服务。一般情况下，提供接站服务主要需要做以下工作。

（一）确定接站规格

根据与会人员的身份、地位、与东道主的关系等来确定接站规格，以便派适宜的人员和车辆进行接站。对方职务较高时，需要领导亲自接站，如果领导不能亲自接站，接站的人员要代替领导接站，并向对方表示歉意。无论与会人员多少，负责接站人员都应亲自接站，以免与会人员误会被怠慢。

（二）掌握抵达情况

当确定与会人员名单后，应及时确认抵达人员的姓名、职务、联系方式、交通方式、抵达时间、到达的具体站点等情况，以便提早做出安排。在与会人员抵达前，接站人员还应再次与其联系，最后确定准确时间和地点，并应至少提前10分钟到达接站地点，以免造成错接、漏接。

（三）确保热情服务

抵达接站地点后，应选择醒目位置放置接站牌，写明会议名称及与会人员姓名等信息，并耐心等候。客人抵达后，应主动相迎问候握手，并进行自我介绍，若对方行李较多，则应主动表示可以提供帮助。到达接送车辆处，则应主动帮助其放置行李并协助其登上车辆，接站人员应随车陪同客人抵达住宿地点，并帮助其办理入住手续。

二、报到服务

一般情况下，主办方应在会议日程开始的前一天，在驻地设立报到处，安排专人负责报到事宜，具体工作如下。

（一）查验证件

与会人员报到后，应由工作人员对其证件进行查验，主要包括个

学习笔记

人身份证件及单位介绍信或邀请函等，以确认与会人员身份，避免出错。

（二）登记信息

当确认与会人员身份后，应及时将其相关信息登记在册。包括个人姓名、职务、联系方式、房间号码等，以便会议过程中与其保持联系并确认出席情况。

（三）分发会议资料

当与会人员报到时，应将会议资料及时分发至每位与会人员手中，使其能够对会议日程及安排、其他与会人员情况有更为全面的了解，帮助其顺利参加会议。

（四）安排食宿

应对与会人员的食宿问题进行妥善安排，依据会议的接待规格，尽量满足与会人员的合理要求，为其参加会议提供方便。

（五）提供咨询服务

会议举办期间，会务组成员应及时提供会议相关的咨询服务，将联系方式告知每位与会人员，为大会顺利进行提供保障。

需要注意的是，在进行服务的过程中，工作人员应注意自身礼仪规范，多使用文明礼貌用语，提供微笑服务。

三、签到服务

为准确统计参会人员情况，每天会议日程开始前，主办方应在入口处设置签到处，帮助确认与会人员是否到齐。

（一）签到卡

重要会议往往用此种方式，与会人员在卡面上签名之后再进入会场。

（二）签到簿

这是小型会议常常采取的形式。与会人员在签到簿上签名，一般还应注明单位和职务。签到工作结束后，工作人员应及时将到会情况报告会议主持人。

学习笔记

四、引导服务

会务组还应在办公地点及会议举办大厅附近设置引导牌。引导牌能够让参会人员准确找到相应地点。必要时，还应派专人进行引导服务，特别是对于参加会议的重要领导或成员，要按照服务礼仪的规范要求为其提供引导服务，并应注意提前培训引导人员，使其仪容、仪表及仪态符合规范，令与会人员感受到会议接待的规范及周到的服务，使得会议在顺利进行的同时充分体现会议组织单位的精神风貌。

五、会间服务

（一）发放会议资料

在每天的会议日程中，可能还需要有临时发放的会议材料，会务组应派专人进行发放，发放时要注意人手一份，按顺序依次发放，并尽量不扰乱会场秩序。

（二）茶水服务

1. 准备工作

在会议开始前，应按照会议规格准备一种或多种茶及饮料，在上茶前可询问与会人员的喜好，如果只有一种茶叶也应向其告知，征得同意后再上茶。另外，应提前将茶具清洗干净，确保茶具干净卫生，避免由于茶具未清洁干净而引起宾客的反感。最后，作为负责茶水服务的工作人员，在会议前还应检查个人卫生情况，确保宾客的身体健康和茶水的清洁卫生，并应注意不可用手抓取茶叶。

2. 倒茶礼仪

倒茶时，应站于宾客右侧，切忌站在宾客正前方挡住视线或在两位宾客间左右开弓倒茶。续水时，如果是有盖的杯子，用右手中指和无名指将杯盖夹住，轻轻抬起，大拇指、食指和小拇指将杯子取起，侧对客人，用左手持壶倒水，同样摆放在饮水者右手上方5~10厘米处，有柄的则将其转至右侧。无论是大杯小杯，倒水的位置一般以杯子的七分满（约2/3）为宜。

学习笔记

任务检测

某会展旅游服务公司承办业务培训会议安排工作，培训拟进行4天，与会人员约为50人，具体培训内容和讲师由主办单位负责。请为此拟订一份培训会议安排的策划书。

任务3　会议出席礼仪

任务导入

小贝要代表旅行社参加市旅游协会举办的旅游发展大会，出席会议的除了本市旅游行业企事业单位的代表，还有市领导和各高校的负责人等。

任务思考

1. 小贝应该在出席会议前做哪些准备？
2. 在会议过程中，小贝应该注意哪些事项？

任务学习

一、出席会议人员的基本礼仪要求

在出席会议时，我们往往代表的不仅仅是个人的形象，更是整个部门或者企业甚至群体的形象。会议能否顺利进行，也有赖于出席人员能否遵守基本的礼仪规范要求。

（一）重视个人形象

在参加会议前，应做好充分的准备，尤其是对于个人形象的塑造。对于会议这类正式场合，要重视仪容的修饰，保持整洁，同时应依据场合、地点、时间准备适宜的服饰，体现对于会议的重视。

学习笔记

（二）准时出席

出席会议的人员应严格遵守会议时间，避免迟到。特别对于一些大型会议，更应提前到场，以免因人员拥挤、场地较大，在会议开始前未能按时就座。

（三）遵守会场秩序

会议进行时，应自觉维护会场秩序，避免交头接耳。应全程关闭或静音手机及其他电子设备，避免发出异响。会议开始后，不应在会场内随意走动、擅自中途退场甚至进进出出。

（四）认真聆听

出席会议时，不论会议内容是否与自身密切相关，都应认真聆听，适时进行记录。避免出现瞌睡哈欠、低头看手机等不当举动。

二、会议发言者的注意事项

作为发言者出席会议时，无疑会成为会议中的焦点和主角。此时，相较于普通出席人员，有以下注意事项。

（一）仪表整洁大方

对发言者而言，个人形象决定了给听者的第一印象，会对接下来的发言形成影响，因而要更加注重。避免不修边幅，着装要干净、整洁、端庄、大方。同时要注重正装穿着礼仪，切勿在发言时佩戴帽子、手套、墨镜等，也要避免过分夸张华丽的饰品。

（二）仪态优雅得体

发言者要注重自身仪态，除了要注重发言时的站立、行走、就座的姿态外，还应注重目光及手势的运用。

（三）发言内容周全

作为发言者，应充分考虑听者的需要和会议的主旨，精心准备发言内容。内容应做到观点鲜明、材料翔实，同时要控制好时长。避免长篇大论，内容繁冗，枯燥乏味，偏离主题。并应尽可能在发言前，充分熟悉内容，进行预演。

学习笔记

（四）态度谦和尊重

作为发言者，还要在发言过程中尊重听众，保持谦和的态度，避免出现自吹自擂、任意发挥的情况。

任务检测

讨论：如果应邀参加全国导游工作会议，作为与会人员应注意些什么？

项目小结

随着会展旅游业的发展，对于旅游行业从业人员来说，掌握会议礼仪知识，遵守会议礼仪规范，有序筹备、安排、出席会议，是职业发展的必备技能。在本项目中，我们首先学习了筹备会议时的前期策划、场所准备、会议事项安排、会场布置、席位安排五个方面；而后就会议服务过程中接站、报到、签到、会间等服务的礼仪事项进行了学习；最后就出席会议的基本礼仪规范和发言者的注意事项进行了总结。

项目练习

扫描二维码检测项目学习情况。

模块四

引导文明旅游

内容结构图

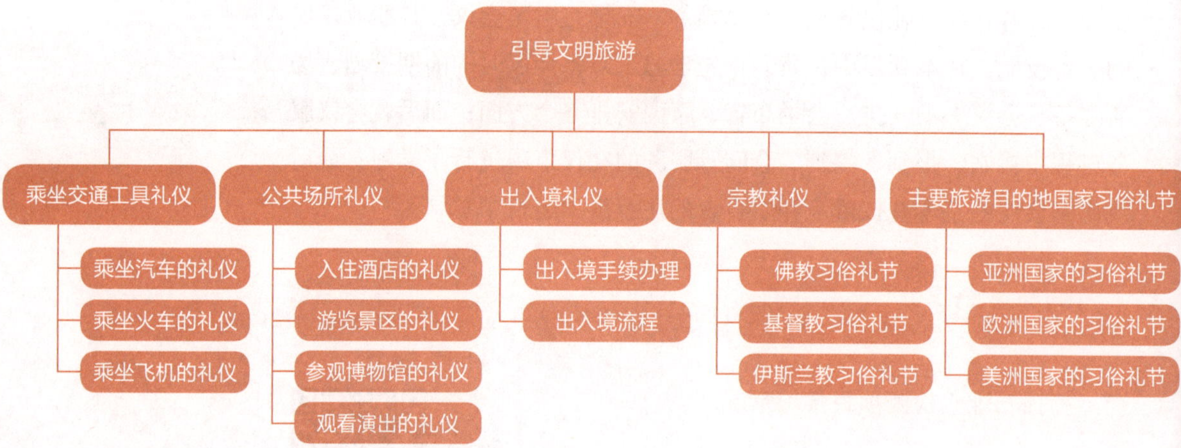

导游对于文明旅游的引导作用

《导游领队引导文明旅游规范》中明确了导游领队人员应兼具为旅游者提供服务与引导旅游者文明旅游两项职责。如果想要引导旅游者文明旅游，首先导游自身要了解并遵守旅游时的相关礼仪规范。

项目一　乘坐交通工具礼仪

学习笔记

项目综述

旅游活动本身就是一种必然会产生位移的活动形式，在这个过程中，不可避免的需要乘坐各类交通工具。作为导游如何从自身做起，引导游客规范、合礼地乘坐，营造良好的社会环境是责无旁贷的责任和义务。

内容结构图

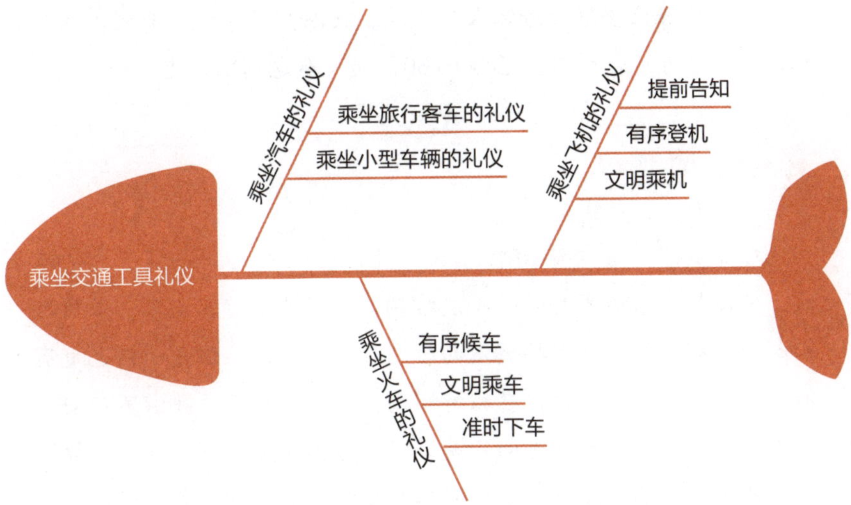

学习目标

知识目标	能力目标	素质目标
了解旅游中乘坐各类交通工具的礼仪规范。	能够自身做到并引导游客合礼地乘坐交通工具。	树立引导文明旅游的职业责任感。

学习笔记

案例导入

石家庄导游小何接待了一个山东旅游团。其行程是：第一天，接团后先吃午餐，下午参观革命圣地西柏坡、到仙台山观赏红叶，晚宿石家庄。第二天，上午游览正定大佛寺和赵州桥，午餐后自由活动，16:20送往火车站。小何在接团后，领队提出希望导游为团队安排时间到南三条市场转转。小何答应有时间一定争取满足大家的要求。第二天由于交通堵塞，参观完景点回到市里用餐后已经是14:00了，这时客人提出要去南三条市场，小何想到南三条市场离火车站走着只有15分钟的路程，不会耽误火车。于是就规定客人15:30在火车站前的广场集合。可是等到了16:00还有两位客人未到，小何只好让全陪带着客人先进站，他在广场等候。等到那两位游客气喘吁吁地赶到时，已经16:30，而火车也刚刚开走。

案例解析

在案例中，导游小何在客人离开本站的当天，安排了自由活动，致使整个旅游团的时间无法控制，造成两名游客误车，虽然游客本身负有责任，没有按规定的时间赶到火车站，但是小何也负有不可推卸的责任。因此，在旅游团离开本站的当日，导游不应安排自由活动或购物，否则时间不易掌握，容易造成误机（车）事故，这也是导游在带团过程中应该引起高度注意的工作服务细节。

误机（车、船）属重大事故，不仅会给旅行社造成巨大的经济损失，还会使旅游者因滞留而蒙受经济或其他方面的损失，严重影响旅行社的声誉和形象。

思考

如果你是小何，应如何做？

任务 1　乘坐汽车的礼仪

乘坐汽车的礼仪

学习笔记

任务导入

小琴所带的团队里有几位年龄偏大的女士，还有两个游客带有年龄偏小的孩子。这次出行的车辆安排的是一辆中型旅游大巴车，接到团队后，小琴上车发现这几名游客可能因为行动比较慢，都坐在了车辆的后排座位上。

任务思考

1. 此时小琴应该如何做?

2. 大巴车上的哪些位置是相对适合老人、小孩或者易晕车的人乘坐的?

任务学习

一、乘坐旅行客车的礼仪

在旅途中，最为常见使用的交通工具就是旅行客车，作为导游，在客车特别是大巴车上，在自身遵守乘车礼仪的同时，要注意维护好乘客的乘车秩序，以确保旅途安全。

（一）上下车辆

1. 上车依次排队

当车辆还未到来时，导游要组织游客在安全且合规的区域安静等候，切不可拥入街道之上，妨碍交通，也容易引发安全事故。当车停稳后，导游应引导游客有序依次排队上车，避免拥挤，应注意提醒游客礼让行动不便的老人、孕妇、残障人士和带婴幼儿的旅游者上车，并视情况为需要帮助的游客提供服务。

2. 车上确认座位

上车后，导游要提醒游客放置好自身物品，以防滑落，并及时组织游客入座，保障车内通道通畅，不堆放物品。积极帮助协调游客将上下车方便的座位让给老人、孕妇、残障人士和带婴幼儿的旅游者。在旅行客运车辆前乘客门侧第一排乘客座椅靠通道侧位置为“导游专座”，一

学习笔记

般会配备印有“导游专座”字样的座套，但如果有游客没有注意坐在该位置，可以提醒他换到其他位置就座。

导游应快速观察游客情况，清点人数，切忌此时用手指指向游客并大声数数。正确的方式有两种，一为用目光平视游客，并默念人数；二为右手五指并拢，掌心向斜上方，作为辅助点查人数。如果实在需要念出人数，也要注意量词使用，应使用“位”来称呼游客。旅行社制定团队旅游计划时，应根据车辆座位数和团队人数，统筹考虑，游客与导游总人数不得超过车辆核定乘员数。

导游确认游客到齐后，提醒游客系好安全带，照管好儿童。同时，导游回到自身位置就座，系好安全带，维护好周围环境。行车之前播放《游客安全乘车温馨提示》宣传片，提醒游客阅读安全须知，提高安全意识。

3. 下车平稳有序

下车前，导游应提醒游客即将抵达目的地，待车停稳后再行起身。同时，提醒游客检查贵重物品是否已随身携带，如果已结束当天行程或者需换乘车辆，则要提醒游客将所有物品全部带下车。

（二）行车安全

车辆行驶期间，为保障行车安全，导游应注意提醒并自觉遵守以下行为规范。

1. 避免与司机交谈

在车辆启动之前导游应与司机充分沟通行车路线、停靠站点等，同时自觉遵守并提醒游客在行车过程中避免与司机交谈，影响司机正常驾驶。

2. 全程系好安全带

在行车期间，导游应自觉系好安全带，避免站立讲解，并配合司机提醒游客系好安全带。不得在车辆行驶期间站立拿取物品，更不能在过道间随意移动，甚至跑跳打闹，致使在车辆晃动时发生事故。

二、乘坐小型车辆的礼仪

在众多的交通工具中，小型汽车无疑成了现代人最常乘坐和使用的交通工具。随着旅游业的不断发展，国家旅游政策的不断变化，私人定制旅行，私人导游已经变得越来越广泛。面对新的工作形式，学习一些乘坐非大众交通工具的礼节也显得更加有必要了。

学习笔记

（一）上下车辆

乘坐小型汽车时，上下车辆应遵循一定的顺序，以便体现尊重。一般情况下，上车时应该让尊者、长者、女士先行上车；而下车时，则相反，尊者、长者、女士则应最后下车；如陪同客人同乘一辆车时，则应该让客人先上车、后下车。

在上下车辆时，还应注意保持优雅的体态，尤其在女士穿着裙装时，更要采用适宜的体态，才能避免尴尬。女士上车时，应双腿并拢先轻轻坐在座位上，然后再将双腿一同收进车内。而下车时，则要双膝并拢，将双脚同时着地，切不可一先一后。

上下车辆，开关车门时，还要先看后行，注意观察周围情况，避免疏忽大意。

（二）座次安排

在乘坐小型汽车时，座次根据具体情况的不同也会有不同的次序安排，具体情况如下。

1. 设有专职司机人员的车辆

这种类型的车辆一般为公务用车或出租车等，乘坐这一类型车辆时，按照国际礼仪习惯，通常以后排右侧的座位为尊。但有时出于方便上下车及安全角度考虑，会以所在国车辆行驶方位为准，即在英国、泰国等车辆靠左行驶的国家，也会以后排左侧座位为尊。而这类车辆中，副驾驶的座位通常由接待工作人员或年纪较小的人员来坐，是相对较低的位置，如图4-1所示。

图4-1 小型汽车由专职司机驾驶时的座次排序

2. 由主人驾驶的车辆

当小型汽车由主人驾驶时，位次的排序则有所不同。此时，副驾驶

学习笔记

的位置相对为尊，相当于宴席中主宾的位置。而后排座位中，仍按照国际礼仪习惯，以右侧座位为尊，如图4–2所示。

图4-2　小型汽车由主人驾驶时的座次排序

（三）行车礼仪

在车辆行驶期间，应以安全为第一原则。

乘车人员应注意不要与驾驶人员攀谈，以防其走神；但也尽量不要在行驶时全员入睡，使驾驶人员更易产生困意。

乘车人员应全程正确系好安全带，避免车窗抛物、将手伸出车窗之外等不安全行为。儿童应按规定在配有安全座椅的后排乘坐，并按要求系好座椅安全带。

乘车时，不应在车辆上吸烟，或是连吃带喝、随手乱扔。不要在车上脱鞋、脱袜、换衣服，或是用脚蹬踩座位。

在行车时，切勿与异性卿卿我我，或是自己东倒西歪。更不要打闹摇摆，与司机争抢方向盘。

任务检测

1. 情境模拟：作为一名导游，组织游客乘坐旅行客车（车辆行驶前的上车及准备工作）。

2. 如右图所示，一位导游接到了一行8人的旅游团，乘坐租用的有专职司机的车辆出行。

（1）请标明导游应坐的位置。

（2）其他座位请标明座次顺序。

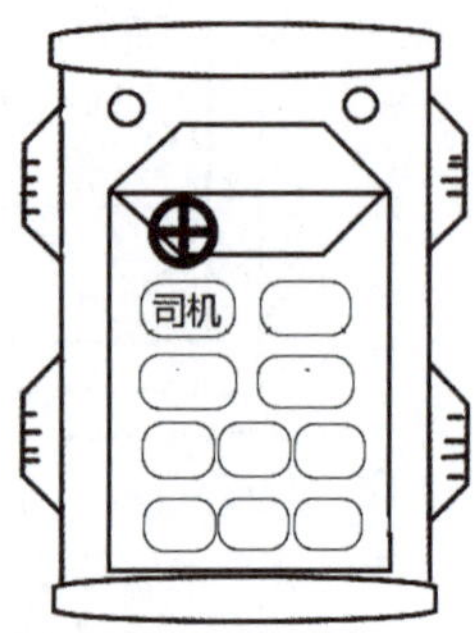

任务 2　乘坐火车的礼仪

学习笔记

任务导入

小贝带团乘坐高铁出行，期间有游客烟瘾难耐想要吸烟。

任务思考

1. 高铁车厢内有什么位置是可以吸烟的吗?
2. 小贝应该怎么做?

任务学习

截至2019年年底，我国铁路营业里程达到13.9万千米，仅次于美国，位居世界第二；我国高速铁路营业里程达3.5万千米，占世界高铁营业里程的66%以上，位居世界第一。乘坐火车旅行是许多游客出行的优先选择，作为导游要了解乘坐火车时应遵守的文明礼仪，以身作则，正确引导游客。

一、有序候车

乘火车要提前到火车站候车，候车时要注意以下问题。

（一）有序进站

到达火车站后，导游应组织好游客持有效身份证件（提前确认是否需同时持有纸质车票），有序通过人脸识别系统或人工核验身份进站。并组织游客配合车站完成安全检查及疫情防控期间的查验健康码、行程码、体温测量等工作，切忌拥挤喧哗，甚至拒不配合，扰乱正常秩序。

（二）行李携带

为保障行车安全，导游应在进站前提醒游客整理检查行李，国家铁路局和公安部公布的《铁路旅客禁止、限制携带和托运物品目录》自2022年7月1日起施行，携带行李时要注意下面三类物品。

1. 禁止托运和随身携带的物品

（1）枪支、子弹类（含主要零部件）。

学习笔记

（2）爆炸物品类，如炸弹等弹药，炸药等爆破器材，礼花弹等烟火制品，以及上述物品的仿制品。

（3）管制器具，包括管制刀具和警棍、军用或者警用匕首、催泪器、电击器、防卫器、弩、弩箭等其他器具。

（4）易燃易爆物品：压缩气体和液化气体、易燃液体、易燃固体、自燃物品、遇湿易燃物品、氧化剂和有机过氧化物。

（5）毒害品：氰化物、砒霜、硒粉、苯酚、氯、氨、异氰酸甲酯、硫酸二甲酯等高毒化学品以及灭鼠药、杀虫剂、除草剂等剧毒农药。

（6）腐蚀性物品：硫酸、盐酸、硝酸、氢氧化钠、氢氧化钾、有液蓄电池（含氢氧化钾固体、注有酸液或碱液的）、汞（水银）等。

（7）放射性物品，指含有放射性核素，并且其活度和比活度均高于国家规定豁免值的物品，详见《放射性物品分类和名录（试行）》。

（8）感染性物质：可感染人类的高致病性病原微生物菌（毒）种和感染性样本，详见《人间传染的病原微生物名录》中危害程度分类为第一类、第二类的病原微生物。

（9）其他危害列车运行安全的物品：可能干扰列车信号的强磁化物，硫化氢及有强烈刺激性气味或者有恶臭等异味的物品，容易引起旅客恐慌情绪的物品，不能判明性质但可能具有危险性的物品。

（10）法律、行政法规、规章规定的其他禁止携带、运输的物品。

2. 禁止随身携带但可以托运的物品

（1）锐器　菜刀、水果刀、剪刀、美工刀、雕刻刀、裁纸刀等日用刀具（刀刃长度超过60毫米）；手术刀、刨刀、铣刀等专业刀具；刀、矛、戟等器械。

（2）钝器　棍棒、球棒、桌球杆、曲棍球杆等。

（3）工具农具　钻机、凿、锥、锯、斧头、焊枪、射钉枪、锤、冰镐、耙、铁锹、镢头、锄头、农用叉、镰刀、铡刀等。

（4）其他　反曲弓、复合弓等非机械弓箭类器材，消防灭火枪，飞镖、弹弓，不超过50毫升的防身喷剂等。

（5）小型活动物　持有检疫证明、装于专门容器内的小型活动物，铁路运输企业应当向旅客说明运输过程中通风、温度条件。但持工作证明的导盲犬和作为食品且经封闭箱体包装的鱼、虾、蟹、贝、软体类水产动物可以随身携带。

3. 限制随身携带的物品

（1）包装密封完好、标志清晰且酒精体积分数大于或者等于24%、小于或者等于70%的酒类饮品，累计不超过3000毫升。

（2）香水、花露水、喷雾、凝胶等含易燃成分的非自喷压力容器日用品，单体容器容积不超过100毫升，每种限带1件。

（3）指甲油、去光剂累计不超过50毫升。

（4）冷烫精、染发剂、摩丝、发胶、杀虫剂、空气清新剂等自喷压力容器，单体容器容积不超过150毫升，每种限带1件，累计不超过600毫升。

（5）安全火柴不超过2小盒，普通打火机不超过2个。

（6）标志清晰的充电宝、锂电池，单块额定能量不超过100瓦时，含有锂电池的电动轮椅除外。

（7）法律、行政法规、规章规定的其他限制携带、运输的物品。

（三）规范候车

在候车室等候时应提醒游客爱护候车室内的公共设施，不要大声喧哗。不抢占座位或多占座位。注意保持候车室内的卫生。

进入站台后，要站在安全线后等候；等火车停稳后，方可在指定车厢排队上车。上车前，应核对好所乘车次，避免乘错车。上车时，不要拥挤、插队。

二、文明乘车

（一）对号入座

应提醒游客有序地进入车厢，找到座位后，应先行对号入座，让出通行道路，待后续旅客进入后再行调整行李摆放。切忌占座、霸座等行为，不但影响个人形象、损害他人利益，严重时还会被计入个人诚信档案，影响今后生活、工作。入座后，可适度调整座椅，但也以不妨碍他人为好。

（二）文明乘车

在座位上休息时，不要东倒西歪，不要躺卧在坐席上。不要靠在他人身上，不要脱掉鞋子甚至将脚放到对面的座位上。

不要在车厢内吸烟，乘坐高铁时，为保障行车安全，注意全列车禁止吸烟；不要随地吐痰，不要乱扔果皮纸屑。使用洗手间时，不要长期占用，要注意清洁。

不要大声喧哗、打闹，使用移动通信设备通联或电子产品播放视频

学习笔记

音乐时，应注意不要影响到他人，避免声音外放。

要注意照管好儿童，使用有效措施避免他们追跑打闹、大声哭泣等行为，影响到其他旅客。在遇到携带儿童的旅客时，也应充分考虑他人难处，互相理解。

（三）礼貌用餐

旅途中经常会需要在列车上用餐，长途列车一般会设置专门的餐车，到餐车就餐，要注意保持良好的就餐习惯。

列车上通常都会免费供应热水，在接水时要有序排队，避免拥挤。水的温度一般较高，因此在列车上应使用密封性较好且不宜破损的杯具，在使用时要十分小心，以免发生烫伤。方便面是人们出门经常会选择的餐食，在冲泡过程中，更要注意安全。

高铁车厢为密闭空间，除火车上明令禁止携带有刺激性气味和臭味的物品外，在用餐时也要考虑食物的气味是否过于浓郁，影响车厢空气。

三、准时下车

在下火车时，则要注意以下细节。

（一）提前准备

如果是乘坐长途卧铺列车，在下车前半小时就应提前准备；如果是高铁或短途列车，则应至少在下车前10分钟进行准备，将随身携带行李物品准备好，避免错过下车时间。

（二）与人道别

在下车前，应与周围旅客道别，但一般情况下，不需与其交换联络方式。遇到工作人员，如乘务员等，也应主动道别，以示尊重。

（三）排队下车

下车时，如果人比较多，可以提前排队有序等候。要注意让出必要的通道，方便其他人员通过，也不要在车门口拥挤，要留出工作人员操作的空间。

任务检测

学习笔记

列举日常生活中的哪些物品乘坐火车时禁止携带或限制携带。

任务3 乘坐飞机的礼仪

任务导入

小贝所带团队将要乘坐飞机前往目的地，在机场集合时有游客询问是否可以随身携带充电宝乘坐飞机。

任务思考

1. 小贝应如何回复游客？
2. 除充电宝外，小贝还应提醒游客乘坐飞机时哪些物品携带和托运的规定？

任务学习

随着人们生活水平的逐步提高，出国旅行及远距离国内游都变得越来越普遍，因而旅行时乘坐飞机的机会也就变得越来越多。作为导游，熟知乘坐飞机时的各项礼仪要求，以提醒并督促游客，是必备的职业素养。

一、提前告知

导游当拿到确定的旅行计划后，应及时与游客取得联系，第一时间将航班信息发送给游客，并提醒游客做好相应准备。

（一）备好证件

导游应提醒游客提前将乘机所需证件准备好并随身携带。

有效乘机身份证件的种类包括中国大陆地区居民的居民身份证、临

学习笔记

时居民身份证、护照、军官证、文职干部证、义务兵证、士官证、文职人员证、职工证、武警警官证、武警士兵证、海员证，香港、澳门地区居民的港澳居民来往内地通行证，台湾地区居民的台湾居民来往大陆通行证；外籍旅客的护照、外交部签发的驻华外交人员证、外国人永久居留证；民航局规定的其他有效乘机身份证件。

16周岁以下的中国大陆地区居民的有效乘机身份证件，还包括出生医学证明、户口簿、学生证或户口所在地公安机关出具的身份证明。

（二）打点行李

因飞机载重有限，故对乘客所携带的行李有明文规定。导游应提醒游客提前准备好行李，以防届时手忙脚乱，因行李不合规定而延误行程。

1. 随身携带行李

（1）限额规定。

① 乘坐国内航班时：随身携带的手提行李总重量不要超过5千克，每件物品的体积不得超过20厘米×40厘米×55厘米，超过规定件数、重量或体积的限制，航空公司将要求行李进行托运。

② 乘坐国际航班时：通常情况，手提行李总重量不要超过7千克，每件行李体积不超过20厘米×40厘米×55厘米（三边之和不超过115厘米）。乘坐美加航线的旅客只能随身携带一件手提行李。（部分航空公司有特殊重量限制规定，导游应提前了解并告知游客。）

（2）必须或建议随身携带的物品。

① 锂电池：民航局规定，旅客为个人自用内含锂电池的便携式电子装置（照相机、手机、手提电脑、便携式摄像机等）可作为手提行李携带登机，并且锂电池的额定能量值不得超过100瓦特小时。超过100瓦特小时但不超过160瓦特小时的，经航空公司批准后可以装在交运行李或手提行李中的设备上。超过160瓦特小时的锂电池严禁携带。

便携式电子装置的备用电池必须单个做好保护以防短路（放入原零售包装或以其他方式将电极绝缘，如在暴露的电极上贴胶带，或将每个电池放入单独的塑料袋或保护盒当中），并且仅能在手提行李中携带。经航空公司批准的100~160瓦特小时的备用锂电池只能携带两个。

②充电宝：民航局对于携带充电宝的规定如下。

充电宝必须是旅客个人自用携带。

充电宝只能在手提行李中携带或随身携带，严禁在托运行李中携带。

充电宝额定能量不超过100瓦特小时，无须航空公司批准；额定能量超过100瓦特小时但不超过160瓦特小时，经航空公司批准后方可携带，但每名旅客不得携带超过两个充电宝。

严禁携带额定能量超过160瓦特小时的充电宝；严禁携带未标明额定能量同时也未能通过标注的其他参数计算得出额定能量的充电宝。（充电宝上一般标注的为额定容量，需经过换算，通常额定容量20000毫安以下的可以带上飞机，20000~36000毫安的，经航空公司批准后方可携带。）

不得在飞行过程中使用充电宝给电子设备充电。对于有启动开关的充电宝，在飞行过程中应始终关闭充电宝。

（3）限制随身携带的物品　民航局规定，乘坐国内航班或中国境内机场始发的国际、地区航班的旅客可以随身携带少量旅行自用的化妆品，每种化妆品限带一件，其容器容积不得超过100毫升，并应置于最大容积不超过1升的、可重新封口的透明塑料袋中，接受开瓶检查。

需要特别提醒游客的是："随身携带少量旅行自用的化妆品，每种化妆品限带一件，其容器容积不得超过100毫升"指的是盛放化妆品的容器的大小不得超过100毫升，而不是指容器内的物质的多少。

2. 托运行李

乘坐飞机时，民航局规定，托运行李的重量每件不能超过50千克，体积为40厘米×60厘米×100厘米。每位旅客的免费行李额（包括托运和自理行李）：持成人或儿童的头等舱旅客为40千克，公务舱旅客为30千克，经济舱旅客为20千克。持婴儿票的旅客，无免费行李额。

应提醒游客，托运行李中，旅行箱需要上锁，纸箱、编织袋需要打包。托运行李内不要夹带现金、珠宝、有价证券、贵重物品和锂电池等易燃易爆物品。贵重物品、数码电子产品、易损坏物品、易腐物品等不得作为托运行李或夹入行李内托运。

二、有序登机

（一）提前抵达

航空公司会在起飞前一段时间停止办理乘机手续。每个航班、机场的候机环境不同，换取登机牌、行李托运、安全检查等都需要预留出足够的时间。通常，国际航班会在起飞时间前3小时，国内航班会在起飞前2小时开始办理乘机手续。

学习笔记

（二）换领登机牌

集合后需提醒游客注意事项，同时引导游客排队托运行李、换领登机牌。登机牌是旅客乘坐飞机唯一的登机凭证，因此应提醒游客妥善保管。

（三）接受安检

为保证国家财产和人民生命安全，在每位乘客登机前，均须接受例行的安全检查。需提醒游客，要按规定携带物品，同时主动配合工作人员的安检工作。疫情期间，如有身体不适等情况要主动上报，还应配合出示健康码、行程码、核酸报告等必要信息，并接受体温检测。

（四）按时登机

应提示游客航班指定的登机口，并提醒时刻关注候机广播及显示屏，以防登机口变更。通常，登机口会于飞机起飞前10分钟或15分钟关闭，应提醒游客尽量不要远离登机口，按时登机，以免延误。

登机时，应自觉排队，并提前准备好登机牌以便核验。登机方式一般有通过廊桥和摆渡车两种，无论哪种方式都应礼让有序，避免拥挤踩踏。

（五）礼貌入座

登机时，应对空中乘务员的迎送问候有所回应。进入机舱后应保持安静，对号入座，尽快就座，不要在通道内停留，以免影响其他乘客通行。放置自己随身携带的行李时，与其他乘客要互谅互让。

三、文明乘机

（一）注重安全

飞机起飞前，通常会进行安全演示，乘客应注意收听收看，并认真阅读安全须知。当安全带指示灯亮起时，要迅速系好安全带。

在飞机起飞和下降阶段，空中乘务员会要求乘客收起小桌板，调直座椅靠背，应积极予以配合。

2017年10月起，中国民航局规定各航空公司可以自行来评估便携式电子设备对飞行的影响，并制定相应的管理政策。目前，大多数国内航空公司要求乘客在飞行过程中，使用手机要调整为“飞行模式”，其他便携式电子设备是可以正常使用的。国外航空公司的相关规定，领队应提前查询，以便旅客询问。

当飞机在滑行过程中，乘客不要解开安全带，不要离开座位，不要

学习笔记

在客舱中来回走动；飞机未停稳时不要抢先打开行李舱取行李，以免行李摔落伤人。

不乱动飞机上的安全用品及设施，更不要在未经允许的情况下，开启紧急出口。

（二）文明乘机

在飞行途中，乘客应避免发出大的声响，扰乱他人休息；应保持座舱整洁卫生，使用洗手间应尽量减少占用时间，使用完毕应自行清洁整理；吸烟的乘客要注意航班为全程禁止吸烟，洗手间也不例外。

飞机进入平飞/巡航状态后，可适当调整座椅角度，但也要充分考虑后排乘客。用餐时，应主动将座椅椅背调至正常位置，以免影响后排乘客进餐。

应尊重空中乘务人员，服从管理、体谅难处，尽量减少为他们增添麻烦。

任务检测

列举日常出行时的物品中，哪些可以乘机时随身携带，哪些需要托运。

项目小结

引导游客文明出行，需熟悉乘坐交通工具时的礼仪。本项目包含了旅游出行常见的乘坐汽车、火车及飞机三种交通方式所需掌握的礼仪规范和要求。

项目练习

扫描二维码检测项目学习情况。

学习笔记

项目二 公共场所礼仪

公共场所礼仪

项目综述

旅游活动所处的环境大多为公共场所，如何引导游客文明出行，学习公共场所礼仪必不可少。

内容结构图

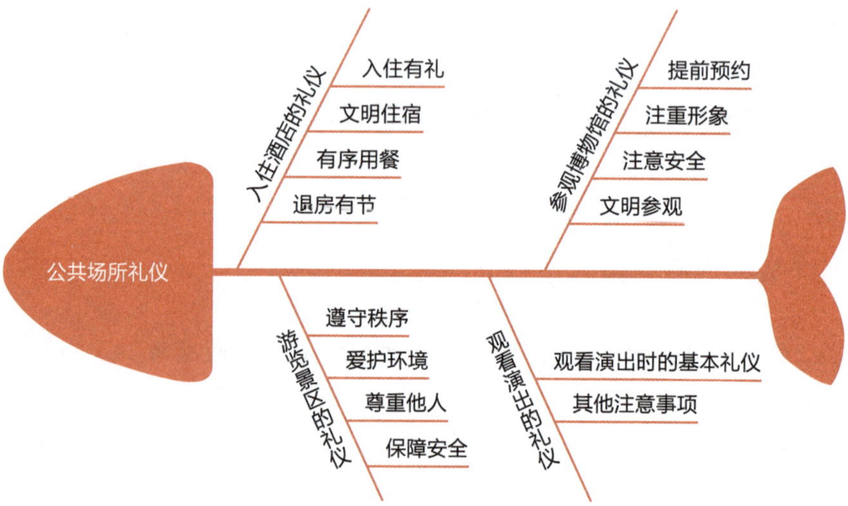

学习目标

知识目标	能力目标	素质目标
了解各类公共场所的基本礼仪规范。	能够知晓并引导游客遵守公共场所礼仪。	树立引导文明旅游的职业责任感。

学习笔记

案例导入

导游小徐接待了一个旅游团。一天晚上用过晚餐，有五位男游客兴致很高，自费买了两瓶茅台酒和很多啤酒。聚到其中一位游客的房间里，喝酒聊天打牌。三个多小时过去了，酒店大多数客人都已入睡，这几位游客还在继续。而且可能是喝多了的缘故，他们说话音量越来越大，吵醒了周围许多客人。住客将投诉电话打到了酒店前台，工作人员因发现是小徐所带的旅游团住客，就找到了他来一同帮助解决。

案例解析

旅游者酗酒，轻者举止失态，重者失去理智。遇到这种情况，导游人员应该做好协调及劝解工作，帮助解决问题。

思考

如果你是小徐，你该怎么做？

任务1 入住酒店的礼仪

任务导入

小琴带团入住酒店，退房离开时，酒店工作人员告知她，有一个房间的吹风机被损坏了。

任务思考

1. 小琴应该怎么做？
2. 入住酒店后，有哪些注意事项？

任务学习

学习笔记

入住酒店也是旅游活动中重要的一项，如何引导游客文明出行，掌握入住酒店的礼仪必不可少。

一、入住有礼

（一）提前确定

导游在接到团队任务后，应及时了解情况，并与酒店取得联系，沟通入住事宜。在接到团队后，还应在到达酒店前，向游客介绍酒店的相关情况。

（二）安静等候

到达酒店后，应组织游客在酒店大堂落座，安静等候。通常应由领队或全陪导游收取游客身份证件，办理入住手续。还应积极引导游客配合酒店的人脸识别身份核验和疫情常态化管理工作。在此期间，可向游客介绍酒店服务设施，提醒入住注意事项。

（三）有序乘梯

大多数酒店会配有电梯，由于电梯内面积有限，容纳体积及重量也都有限制，可能会造成人员拥堵，办理完入住手续后，导游及领队应引导客人有序乘坐。倡导游客礼让老幼，并适时提供帮助；同时可建议楼层较低的客人步行上楼，可由他人乘坐电梯代看行李。

在酒店日常乘坐电梯时，还应注意以下电梯礼节。

（1）不要在电梯内吸烟、吃东西，不要在电梯内大声与人交谈、通话。

（2）导游乘坐电梯遇到游客时，应主动点头问候。

（3）如遇有人值守的电梯时，可礼让客人、长者先行上下电梯，以示尊重。

（4）如遇无人值守的电梯时，可主动先行进入电梯，按住按钮，再请客人、长者上电梯；下电梯时，可按住按钮后，请客人、长者先下电梯。

（5）进入电梯内，通常情况下，电梯越靠内侧是越尊贵的位置，可主动询问客人要去的楼层，并帮忙按下（特别是对于欧洲各国，楼层示意和我们有所不同，更要提示）。

待游客入住后，导游应与领队或全陪一起查看入住情况，及时解决问题。

学习笔记

二、文明住宿

（一）遵守规章

导游应以身作则并提醒游客遵守酒店制定的合理的相关规章制度。例如，欧洲的部分设施较为陈旧的酒店会因用电安全问题，规定客人不能在房间内使用电阻率过高的加热型电器。遇到此类情况，领队应提前叮嘱游客，并与酒店沟通解决诸如游客需要饮用热水等生活问题。

（二）爱护设备

对酒店提供的各类设施设备，要注意爱护，更不要有意加以损坏。如果无意之中损坏了，应主动声明，照价赔偿。如果游客有损坏设施设备的情况，也应该要求其进行赔偿。对于酒店提供给客人使用的物品，要尽量节约使用。

（三）注意安全

在酒店入住期间，应提醒游客注意人身及财产安全。

不要将贵重物品存放在房间内，如果游客确有需要，可帮助询问酒店相关寄存服务。

应提醒游客，注意在房间内的用电安全，不能在房间内烹饪食物、使用明火。当入住期间发生火灾等突发事件时，应积极配合酒店完成客人的安全疏散工作。

房间内的烟雾报警器、紧急情况报警器、消防设备等，要避免随意乱动或拉响，影响机器运行及使用，发生灾难时不能发挥作用。

（四）保持卫生

酒店通常会有工作人员每日进行房间的清扫工作，但入住客房后，仍应自觉保持房间卫生。这不仅对自己有益无害，而且也是对客房服务人员辛勤工作的一种尊重。保持客房卫生应注意以下事项。

1. 收纳好个人物品

为方便个人使用及整理，应收纳好房间内的个人物品，尽量分类、定点摆放。对于涉及个人隐私的物品，更应谨慎收纳，避免尴尬；对于自身较为重要的小件物品，例如手表、首饰、重要字条等，尽量不要放置在枕头下、被褥下等容易在清扫整理时误将其带走或扔掉的位置；贵重物品不要直接放置在房间内，随身携带、放置于保险柜或委托酒店寄存保管（限有此业务的酒店），避免不必要的麻烦。

学习笔记

2. 保持好房间整洁

入住酒店后，虽然不必像在家中一样每日打扫整理，但也应力所能及的保持必要的整洁。垃圾应放置在垃圾桶内，对于实行垃圾分类的地区，要按照规范要求进行，不可随意丢弃。如果在房间内食用食物，应注意保持桌面、地面清洁，及时将带有食物残渣的包装清理出房间，以免造成房间内有异味甚至招来虫蚁。

3. 注意洗手间

应保持洗手间的干燥清洁，不要用酒店的浴巾或毛巾擦拭地面或其他不洁的物品；洗手盆及浴缸内的水用过后要及时放掉，不要待客房服务人员前来处理；大小便后要立即放水冲洗干净。

4. 维持空气清洁

除避免在屋内食用有异味的食物，及时处理食物残渣外。吸烟人士要提前询问是否为无烟房间，可能的情况下应避免在房间内吸烟。即便吸烟，也要避免乱弹烟灰、乱扔烟头的现象，更切忌躺在床上吸烟，引燃床品、地毯甚至引发火灾。

（五）避免打扰

在酒店入住时，应尽量保持相对安静，尤其是在晚9点至早8点间，要避免因个人原因打扰其他入住客人休息。

三、有序用餐

通常旅游团的早餐甚至晚餐都会在入住酒店来用餐，由于接待团队的酒店客流量大，用餐高峰期常常会较为拥挤，作为导游要做好游客有序用餐的引导和协调。

（一）错峰用餐

为避免用餐高峰时出现人员拥挤、餐食供应不及时等状况，作为导游来说，应依据行程安排与其他团队、酒店、司机协调好团队游客的用餐、集合时间。尽量保证团队用餐时能够更加顺畅舒心，避免延误行程，造成矛盾。

（二）耐心等候

导游应引导游客在用餐高峰时耐心等候，体谅酒店工作人员的辛勤劳作。

学习笔记

（三）尊重侍者

对于餐厅的侍者应保持平等、和蔼的态度，积极协调侍者与游客之间的沟通，帮助解决可能会发生的纠纷。

（四）避免酗酒

在酒店餐厅、酒吧内饮酒，应提醒游客控制酒量，不要毫无节制地酗酒，更不能借酒失控，无理取闹。

四、退房有节

（一）理清物品

退房前，应整理好自身物品，并在离开房间前反复检查，确保没有遗漏。同时，切记不要在离开酒店时偷带不准带走的物品。

（二）归还房卡

确认行李后要及时到达前台，请工作人员查房确认使用情况，结清额外消费并归还房卡，领取押金。

任务检测

讨论：入住酒店前，应提醒游客哪些注意事项？

任务2　游览景区的礼仪

任务导入

小琴带团在一处自然旅游景区游览，团队中的一位阿姨为拍摄“樱花雨”下的照片，不断晃动景区内种植的樱花树。

任务思考

1. 如果你是小琴，会如何做？
2. 这位阿姨的做法有何不妥？

任务学习

学习笔记

一、遵守秩序

导游带领游客在景区进行参观游览时，首先就应做到遵守景区的规章制度，保持良好的秩序，这主要体现在以下几点。

（一）自觉排队

遇到购票或游览某处景点的人较多时，要引导游客自觉排队，不要前拥后挤，制造混乱，引发纠纷和事故。观看演出时，也要有序进入，避免争先恐后、抢占座位。

（二）保持安静

在参观游览过程中，应避免大声喧哗。对于庄严肃穆的纪念地或安静平和的室内景点，更要尽量保持安静，导游可适时关闭扩音器压低声音或使用耳机传输讲解声音。

（三）服从管理

为保障景区的正常运行，导游应引导游客服从景区的统一管理。遵守景区开放时间，配合安全检查及疫情防控的相关要求，重视景区规范，不在禁止拍照区域进行拍摄，不扰乱景区的正常秩序。

二、爱护环境

（一）维护环境卫生

导游应引导游客自觉维护景区环境卫生，遵守《公共场所卫生管理条例实施细则》。不随地乱扔垃圾，不随地吐痰，不随地大小便。不要在室内公共场所及室外公共场所的非吸烟区违规吸烟。

（二）禁止破坏公物

导游应引导游客爱护景区公物，不乱涂乱画乱刻，不随意触摸、攀爬、摇晃、敲击、损毁。

（三）注重保护动物

对于景区内的动物要注意爱护，不要戏弄、喂食动物，保护它们最好的方式就是不干扰它们的正常生活。

学习笔记

（四）懂得爱惜植物

对于景区内的植物也要懂得爱惜，不要因一时兴起采摘花卉果实，更不应该攀折树枝，践踏草地。

（五）学会珍惜水源

“绿水青山就是金山银山”，对于景区内的水资源要学会珍惜，避免污染和浪费。

（六）崇尚保护自然

在游览许多珍贵的自然景观时，在欣赏美景的同时，要注意保护自然生态环境，避免因人为举动破坏自然。

三、尊重他人

（一）注重个人形象

在景区游玩时，保持良好的个人形象同样是尊重他人的表现。游山玩水时服饰可舒适自然，运动装、休闲装皆可，但不要赤身露体，有碍观瞻。

（二）顾及礼让他人

导游应引导游客之间以礼相待，主动谦让，如走在狭窄的曲径、小桥、山洞时，要主动给老幼妇孺让道，不争先抢行。如果不小心冒犯了他人，应及时致歉。不长期占用公共设施，不在范围内人群不要占用母婴室、残障人士卫生间等。

提醒游客听从团队安排，不要擅自离团、不按规定时间集合，影响团队行程。

（三）尊重当地习俗

导游应引导游客入乡随俗，尊重景区当地的风俗习惯和宗教戒规，避免因小事而酿成大错。

四、保障安全

（一）保障人身安全

在游览景区时，导游应引导游客注重自身安全，严禁违规攀爬、翻越、进入景区明令禁止的危险区域；乘坐游览娱乐设施要听从景区工作

学习笔记

人员指挥，严格按照操作及使用规程进行；对于各种刺激类体验项目应量力而行，如实陈述身体情况，切不可逞能冒险。

在景区用餐或食用零食，要注重饮食安全，不食用不干净的食物，尽量避免食用未能全熟的食物，谨慎食用从未食用过的食物。

（二）保护财产安全

景区人员密集，导游要提醒游客保管好自身财物，切不可在外漏财。游客遗失物品时，导游应协调景区工作人员帮助寻找，必要时协助报警。

在景区捡拾物品要及时归还或放置在失物招领处，切不可私自留存，违背职业道德。

任务检测

讨论：如果作为导游带团游览西湖，应注意引导游客哪些礼仪细节？

任务3　参观博物馆的礼仪

任务导入

小贝带团参观中国国家博物馆，因为是夏天，有两位游客为了舒适穿着了拖鞋，被博物馆工作人员拒之门外。

任务思考

1. 他们为什么会被拒之门外？
2. 小贝应该怎么做？

任务学习

博物馆是收藏、研究、展示、阐释能够充分反映某一地区、某一民

学习笔记

族、某一类型文化代表性物证的机构，是历史、文化、艺术的殿堂，是旅游活动中参观的十分特殊的一类景区。因其浓厚的文化性、国家民族形象的代表性，参观时要比普通景区更为重视礼仪规范。

一、提前预约

通常，旅行社计调所安排的行程中，同一团型都是一致的。作为导游领队要注意实际带团期间时间的重新规划，尤其是对于团队行程中有博物馆参观行程的团队，要注意避开闭馆日提前预约。

（一）闭馆日

博物馆的闭馆日一般会选择在每周一。

一方面是因为博物馆的客流量非常大，如果持续开门的话，工作人员就没有机会进行建筑修缮、文物修复和展陈提升、人员培训、设备检修、卫生清理等工作，闭馆的时候博物馆才能彻底地开展那些不宜被观众打扰以及打扰观众的工作。

另一方面，对于一周的其他六天来说，周一参观博物馆的人相对比较少，所以周一闭馆对观众的影响相对来说是最小的。

（二）预约制度

由于许多知名博物馆的客流量巨大，为保护所藏文物藏品，会限制每日参观人数。因而，在参观前一定要提前进行预约，以免出现不能进入，延误行程的情况。

对于一些博物馆中的特殊馆藏，例如名画、壁画、文物等，可能需要单独预约。

许多国外博物馆的中文讲解服务，也都规定了时段，需要提前预约。

（三）遵守时约

预约过后，要注意按规定时段入场参观，如果实在因特殊原因无法按时入馆参观，也应在规定时间内申请退票。

二、注重形象

博物馆作为文化客厅，对于来访客人的着装举止也是有相应的要求的。

醉酒者、限制行为能力者、衣履不整者，博物馆是谢绝入馆的。

学习笔记

参观前应注意仪容礼仪，进行适度的清洁和修饰，不能蓬头垢面，即使在夏天也不能有强烈的汗味、体味，否则会给他人带来不适之感。

观众应选择得体的服装，不能衣冠不整，也不能过于随意。不受欢迎的着装有：夏天穿着背心、超短裤、拖鞋，冬天穿着沾满雨雪泥浆的靴子等，这样的形象会破坏博物馆的参观环境，给他人带来不良的感受。

参观博物馆的时候，相对保守、正式的服装会更加得体。例如，有领有袖的服装比吊带背心更加得体；不露脚趾的鞋比凉拖鞋更加得体。

注意选择走路时不会发出很大响声的鞋子，佩戴的饰品也不要叮咚作响。

欧洲的部分博物馆会按照礼仪规范，要求参观者将外套、行李统一存放，此时要主动配合工作人员。

三、注重安全

博物馆的馆藏中有很大一部分都是纸张等易燃品，对于以我国为代表的许多亚洲国家来说，很多博物馆的建筑结构也都以木质结构为主。一旦发生火灾，对于博物馆来说就是毁灭性的，因而，参观博物馆过程中安全至关重要。

（一）严禁携带易燃易爆品

进入博物馆前，通常都会进行较为严格的安全检查，例如打火机、火柴等易燃易爆品都是不允许带入的。

（二）充电宝的携带和使用

充电宝是很多游客出门旅行的必备物品，博物馆中通常限制携带。不能携带入馆的充电宝有：容量超过20000毫安时（mAh）的、未标明容量的、产品名称、型号、认证图标、厂名或商标标识不清的、破损的、经过缠裹的，都不得携带入馆，需提前自行处理。

即使是符合入馆要求的充电宝，也不能在展厅内使用，应在展厅外安全区域使用，防止因碰撞、跌落等造成安全问题。

（三）严禁吸烟、使用明火

博物馆是严禁使用明火的，同时也不允许吸烟。吸烟不但会影响环境，影响他人健康，还会有发生火灾的隐患。

（四）规范用电

出于安全角度考虑，博物馆的工作专用电源也不要私自使用。

（五）谢绝使用电动车

电动车由于其充电电瓶在室内环境下的不稳定性，也不能在博物馆内使用，这其中包括电动轮椅、老年代步车等。

（六）不随意碰触消防设施

对于博物馆中所设置的火灾报警按钮及其他消防设施，在没有发生火灾时不要随意碰触。如果造成误报或设施损坏，当事人需承担相应责任和赔偿。

四、文明参观

（一）严禁翻越

博物馆为保护馆藏物品通常会在展位前设置围挡、护栏等，参观者要遵守规定，严禁翻越。

（二）爱护展品

参观时，对于博物馆内的展品应予以爱护，即便是没有设置围挡或玻璃保护罩的展品，也不要随意触摸。如果因为个人行为造成展品、设施的损坏，应照价赔偿并承担相应的法律责任。

（三）禁止进食

不要在展厅内进食，而应在馆内指定休息、餐饮区域食用食物。一方面液体等容易污染展品，另一方面食物残渣也容易招致虫蚁侵袭，破坏文物。

（四）保持安静

参观时，禁止大声喧哗，自觉将手机调至静音模式，以免影响其他人。不要在展厅内接听手机，很多博物馆的重要展厅可能会屏蔽手机信号，更不要因为信号弱而对着手机大喊大叫，应自觉在展厅外接打电话。

（五）谨慎拍摄

面对珍贵的展品，很多人都想留影以做纪念。一方面，现在许多博物

学习笔记

馆都有数字博物馆，可以直接下载到所有展品的清晰图片，没必要在参观时浪费时间拍摄。另一方面，如果非要拍摄，也应注意以下注意事项。

1. 不要使用闪光灯

博物馆中的许多文物展品，例如书画、织绣品、古籍善本等都十分怕光。闪光灯的照射会加速它们的老化，甚至造成永久性的损坏。因而，在拍照时，要避免使用闪光灯。

2. 不要使用自拍杆和脚架

博物馆展厅内通常为保护文物光线较暗，加之人员密集，使用自拍杆、脚架等设备，堵塞交通的同时，也极易发生碰撞事故。在拍摄时，不要因为太过关注拍摄效果而忽略周围环境状况，导致碰撞他人、碰碎展柜玻璃甚至破坏展品，造成不可挽回的损失。

3. 不允许拍摄

对于某些极为珍贵的或易损坏的藏品，博物馆会明确要求禁止拍摄。此时，应严格遵守相关规定，不得私自进行偷拍。

（六）耐心倾听

在讲解员讲解时，应耐心倾听，尊重讲解员和其他听众，不要打断讲解员，更不能与其争论、抬杠。对某个展品特别感兴趣时，可以等讲解员休息时，征得其同意之后再向其请教。切不可不顾他人，在讲解过程中一直围着讲解员询问。

（七）礼让他人

参观者众多时，应顺着人流缓慢行进，不要试图强行超越前面的人，也不要长时间驻足，这样都会影响他人，甚至造成安全隐患。必须从他人面前经过或超越他人时，应注意不要碰触他人，并且说“对不起，请让我过一下，谢谢”等礼貌用语。

别人在观赏或拍摄某件展品时，尽量不要从其前面走过，以免挡住其视线，影响他人观赏拍摄。

（八）遵守秩序

观众应听从工作人员引导，协助工作人员维持好展厅内的参观秩序和良好的参观环境；如遇博物馆重大或临时性活动，须遵从博物馆工作人员安排，不能任性行动、扰乱公共秩序；如遇博物馆发生各类突发事件，务必保持理智和冷静，服从工作人员指挥。

任务检测

学习笔记

总结：进入博物馆参观应注意哪些礼仪细节？

任务4　观看演出的礼仪

任务导入

小琴所带的旅游团，晚间安排了观看话剧的行程项目，有两位游客未按规定时间集合，错过了话剧进场的时间。当他们到达时，演出已经开始了。

任务思考

此时，小琴应该怎么办？

任务学习

在进行旅游活动时，常常会通过观看各类演出来了解景区背景、体验当地文化。这时，就需要导游正确向游客介绍观看此类演出时的礼仪要求，使他们合礼地观看演出，了解其中的文化内涵。

一、观看演出时的基本礼仪

（一）着装得体

观看演出时，为表示对演职人员及其他观众的尊重，应穿着得体的服装出席。尤其在比较炎热的天气观看演出时，要注意避免穿着短裤、背心、拖鞋等进入剧场。对于一些比较严肃的演出，或者按照要求需要穿着正装、礼服出席的，应按规范着装。

（二）准时入场

观看演出时，一般建议至少提前15分钟进入剧场，留有时间寻找座位。如果是带旅游团看一些规模较大的演出，导游更要掌握好时间，避免出现迟到等情况。

学习笔记

（三）对号入座

正规的演出都要对号入座，所以在寻找座位时只能以自己的入场券上的座位号为目标，绝不能抱着侥幸的心理去位置较好之处占座，尤其是不要去包厢、贵宾席捣乱。

如果他人占了自己的座位，可以有礼貌地出示入场券向其说明，或请工作人员调解，不要与对方拉扯争斗。

如果自己的位置在一排中间，且其两侧已经有人就座，那么在走向自己的目的地时，应对被自己打搅的人轻言一声“抱歉”，并且面向对方，侧身缓步而行。

如果与亲友一同前来观看演出，且座位有好有坏的话，应主动把好一些的座位让给别人。得到了他人的谦让，要及时表示谢意。但是一定要记住，同他人调换座位应在开演之前进行，并要两厢情愿。演出一旦开始，任何人都只能端坐不动。就座时宜轻、宜稳，不要用力敲砸座椅。

（四）保持安静

在演出进行过程中，观众应尽量保持安静，将手机调至静音模式或关机状态。不要在演出时，窃窃私语甚至大吵大闹，也不要在场内接打电话，甚至随意进出，影响演员表演和其他观众的观看。

（五）禁止拍摄

在演出进行过程中，为避免影响演职人员的表演，禁止在剧场内使用闪光灯进行拍照，有些剧目则会要求不得以任何形式进行拍摄，应遵守相应规定，不可任意妄为。

（六）禁止吸烟

剧场内的环境有幕布、道具等许多易燃物品，吸烟不但容易引起火灾，也会影响到周围人，请不要在剧场内吸烟。

（七）禁止进食

为表达对演职人员的尊重，不要在剧场内特别是演出时食用食物。可以选择在幕间休息时食用食物，也可以稍作休息。

（八）保持整洁

在观看演出期间，为了维护演出厅内的卫生，不准随手乱扔废弃物。不仅废纸之类的“身外之物”不准乱扔，而且自己的痰、鼻涕之类的“身内之物”也不准乱扔。万一有此必要，可暂作处理，并在退场时自觉带出场外，扔进垃圾桶内。

（九）避免换装

在观看演出时，在大庭广众之下脱换衣衫，或者化妆补妆，也为不妥。另外还应注意，不要戴着帽子入场，以防阻挡他人视线。如果是在露天运动场看比赛，为了防晒，可以戴太阳帽，不过也要以不遮挡别人的视线为宜。在演出厅内，不要脱鞋脱袜。

二、其他注意事项

（一）鼓掌

我们在观看演出时，一定要以自己的实际行动对全体演职员的辛勤劳动表示应有的尊重。对演出报以热烈的掌声和喝彩，是最好的回应。

鼓掌也要注意时机，在整段表演未结束时，尽量不要鼓掌，以免干扰演员。观看芭蕾舞剧时，应在每个舞段之间如果没连续性的音乐连接或者当演员表演一个高超的技巧动作后给予掌声；观看歌剧时，当一首非常精彩的咏叹调或重唱完结时，可以给予掌声；欣赏交响乐作品或组曲时，请不要在乐章之间鼓掌，因为对于篇幅较长的作品而言，一个段落的结束，只表明情绪或速度的变换，并不是完全的停止；如果拿不准何时鼓掌，就等别人都鼓掌了再说，以免失礼。

在观看演出时鼓掌，只能用来表示自己为演员的精彩表演而喝彩，却万万不可反其道而行之。不允许因为自己对某些演员、节目不欣赏，或者是由于演出在进行之中出现了故障以及其他特殊情况，而对演员喝倒彩、鼓倒掌，让演员下不了台。更不允许在演出时起哄、闹事、驱赶演员。

（二）迟到

如前面提到的，观看演出时应尽量避免迟到。如果到达时演出已经开始，为不打扰演员演出，请听从场务人员的安排安静入场或等候幕间入场。

（三）退场

演出中途应避免擅自离场，如果遇到特殊情况必须离开，也应等一段演出结束后再行离场。

在全部作品结束时，要致以热烈的掌声，甚至可以起立鼓掌，这是

学习笔记

对演员精彩表演的莫大认同。很多时候，演员按照惯例都在掌声下进行返场，当演员第二次谢幕时，代表演出全部结束，观众应有序退场。

任务检测

拓展：导游带团观看昆曲《牡丹亭》，应提前提醒游客注意哪些礼仪细节？

项目小结

引导游客文明出行，公共场所礼仪尤为重要。本项目选取了旅游活动中经常会出入的公共场所的礼仪作为任务，学习者应掌握入住酒店，游览景区、博物馆，观看演出时的各项礼仪要求及注意事项。

项目练习

扫描二维码检测项目学习情况。

项目三　出入境礼仪

学习笔记

项目综述

随着人们生活水平的逐步提高，以及新型冠状病毒肺炎疫情过后出游需求的释放，未来国内出境游人员和次数可能还会逐步提升。作为导游掌握出入境的相关礼仪规范，是引导游客文明旅游的重要内容。

内容结构图

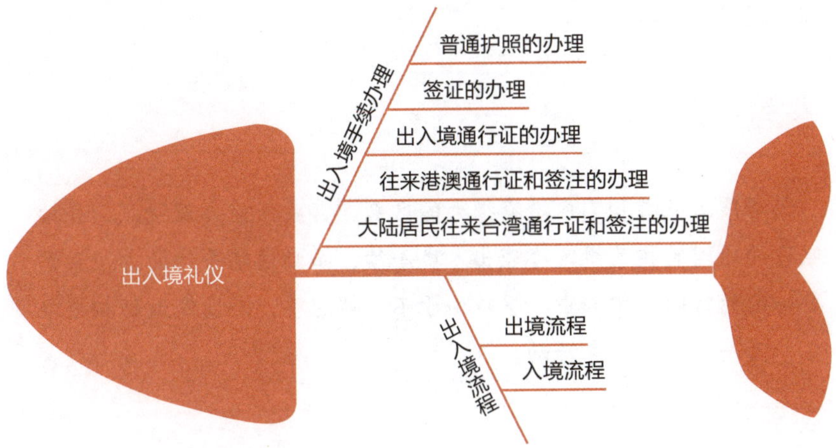

学习目标

知识目标	能力目标	素质目标
掌握出入境的礼节规范。	能够规范引导游客出入境。	能够在日常工作中维护国家形象。

学习笔记

案例导入

优惠的欧洲游

暖暖大学毕业工作两年，攒了一些钱，想着带妈妈去欧洲旅行一趟。她在网上发现了某旅行社的欧洲十三国游行程，距离出发只剩下15天的时间，价格非常优惠。她立马欣喜地下单，但向客服咨询过后才了解到，办理护照和签证都需要时间，网站上的尾团报名要求游客要有护照和近期的欧洲申根签证才可以。她只好把团退掉，并着手给妈妈和自己办理护照，并搜寻合适的行程，提早做准备。

案例解析

居民出境游和国内游有很大的区别，需要提前办理护照，并按照目的地国的相关规定办理出入境手续，而且这些手续的办理都需要一定的时间。案例中，暖暖由于不了解这些，而没能做好相应准备，因而错失了优惠活动。

思考

作为旅游从业人员应了解哪些出入境规定，帮助游客避免和暖暖同样的遭遇？

任务1 出入境手续办理

任务导入

小琴的姐姐想暑假时带孩子去东京迪士尼乐园游玩，向她咨询需要准备哪些物品。小琴提醒姐姐，首先要和姐夫一起陪外甥去办理出国护照。

任务思考

学习笔记

1. 为何小琴会让姐姐先去办理护照？
2. 为何外甥的护照需要姐姐和姐夫一同办理？
3. 外甥护照办理需要准备哪些材料？办理流程是怎样的呢？

任务学习

中国内地公民去往国外、港澳台等地区都需要办理相关手续。

一、普通护照的办理

中国内地公民出行普通护照办理的事项，应参照《中华人民共和国护照法》《中华人民共和国出境入境管理法》《中华人民共和国普通护照和出入境通行证签发管理办法》。受理机构为国家移民管理局委托的县级以上地方人民政府公安机关出入境管理机构。

（一）申请条件

中国公民因前往外国定居、探亲、学习、就业、旅行、从事商务活动等非公务原因出国的，即可凭身份证提出申请普通护照。登记备案的国家工作人员、现役军人还需征得所在单位同意后方可提出申请。

（二）申请材料

（1）符合《出入境证件相片照相指引》标准的照片。

（2）中国公民出入境证件申请表。

（3）居民身份证；在居民身份证领取、换领、补领期间，可以提交临时居民身份证。

（4）省级公安机关出入境管理机构报经国家移民管理局批准的其他材料。

（5）未满十六周岁的，由其监护人陪同，除提交上述申请材料外，还应提交监护证明（如出生证明、户口簿等），以及监护人的居民身份证或者护照等身份证明及复印件；监护人无法陪同的，可以委托他人陪同，但还应当提交监护人委托书，以及陪同人的居民身份证或者护照等身份证明。

（6）登记备案的国家工作人员除提交第（1）、（2）、（3）、（4）项

学习笔记

的申请材料外，还应提交本人所属工作单位或者上级主管单位按照人事管理权限审批后出具的同意办理普通护照的意见。

（7）现役军人除其提交第（1）、（2）项的申请材料外，还应提交本人的身份证明（如身份证、军官证等）及复印件，以及具有审批权的军队系统主管部门出具的同意办理普通护照的意见。

（8）换发普通护照的除提交第（1）、（2）、（3）、（4）项的申请材料外，还需提交原普通护照及复印件。定居国外的中国公民短期回国申请换发普通护照的，还需提交定居国外的有效证明和暂住地公安机关出具的暂住证明。

（9）补发普通护照的除提交第（1）、（2）、（3）、（4）项的申请材料外，还需提交原普通护照损毁、遗失或被盗的情况说明；因普通护照损毁申请补发的，还需提交损毁的普通护照。定居国外的中国公民短期回国申请补发普通护照的，还需提交定居国外的有效证明和暂住地公安机关出具的暂住证明。

（10）申请普通护照加注需提交申请表、有关证明材料、有效普通护照、居民身份证。定居国外的中国公民申请加注，还需提交定居国外的有效证明和暂住地公安机关出具的暂住证明。

（三）办理基本流程

（1）申请人向公安部委托的县级以上公安机关出入境管理机构提交申请材料并按规定采集指纹信息。

（2）受理机构对符合申请条件，申请材料齐全且符合法定形式的，向申请人出具《受理申请回执单》；对申请材料不齐全或者不符合法定形式的，一次性告知申请人需要补正的全部内容；对不属于本部门职责范围或不符合受理要求的，不予受理，并向申请人说明理由。

（3）审批机构进行审核，作出批准或者不予批准的决定。批准的，签发证件；不予批准的，审批机构向申请人出具《不予批准决定书》。

（4）申请人领取证件。

（四）办结时限

居民在户籍地公安机关出入境管理机构申请普通护照应当自受理申请材料之日起7个工作日内审批签发并制作普通护照。跨省异地申请普通护照的签发时限为20日。在偏远地区或者交通不便的地区或者因特殊情况，公安机关出入境管理机构不能在上述时限内签发普通护照的，经

学习笔记

省级公安机关出入境管理机构负责人批准，普通护照的签发时限可以延长至30个工作日。

公民因具有下列情形之一，可申请加急办理普通护照：因出国奔丧、探望危重病人的；前往国入境许可或者签证有效期即将届满的；紧急出国出境参加会议谈判、签订合同；出国留学报到时间临近、行前证件遗失损毁；省级公安机关出入境管理机构认可的其他紧急事由需要立即出国出境的。对具备上述加急事由的，公安机关出入境管理机构应当要求其提交相应材料，对批准的，应当在5个工作日内审批签发并制作普通护照。

（五）有效期

电子普通护照的有效期为：护照持有人未满16周岁的5年，16周岁以上的10年。

二、签证的办理

签证（Visa）是一国政府机关依照本国法律规定为申请入出或通过本国的外国人颁发的一种许可证明。根据国际法原则，任何一个主权国家，有权自主决定是否允许外国人入出其国家，有权依照本国法律颁发签证、拒发签证或者对已经签发的签证宣布吊销。签证通常是附载于申请人所持的护照或其他国际旅行证件上。在特殊情况下，凭有效护照或其他国际旅行证件可做在另纸上。随着科技的进步，有些国家已经开始签发电子签证和生物签证，大大增强了签证的防伪功能。

除双边协定规定或前往国家单方面规定可免签或办理落地签证，或需在第三国申请签证的情况外，中国公民出国前通常需向前往国家驻华使领馆申请并办妥相应签证。个别国家规定，即使不出机场转机，仍需要提前办妥过境签证。

（一）签证的类别

世界各国的签证一般分为入境签证和过境签证两个类别，有的国家还有出境签证。

入境签证是准予持证人在规定的期限内，由对外开放或指定的口岸进入该国国境的签证。中国入境签证自颁发之日起生效，有的国家另行明示入境签证生效日期。

出境签证是准予持证人经对外开放或指定的口岸离开该国国境的

学习笔记

签证。有些国家不限出境口岸。包括中国在内的很多国家已取消出境签证，外国人在签证准予停留的期限内或居留证件有效期内凭有效证件出境。

过境签证是准予持证人在规定的期限内，由对外开放或指定的口岸经过该国国境前往第三国的签证。要取得过境签证，须事先获取目的地国家的有效入境签证或许可证明（免签国家除外）。按国际惯例，有联程机票，在24小时之内不出机场直接过境人员一般免办签证，但部分国家仍要求过境本国的外国人办理过境签证。

（二）签证种类

各国签证的种类多又不尽相同。根据持护照人身份、所持护照种类和访问事由不同，一般将签证分为外交签证、礼遇签证、公务（官员）签证和普通签证四种。有的国家根据来访者的事由将签证分为旅游、访问、工作、学习、定居等类别。

（三）签证形式

签证在其发展过程中有不同的形式和称谓。例如，签注式签证、印章式签证、贴纸式签证、另纸签证、机读签证、电子签证、个人签证、团体签证等。

1. 签注式签证

签注式签证指在有效护照上做简单的文字签注，注明准予持证人入出境的具体要求。早期的签证多采取此种形式。

2. 印章式签证

印章式签证指将签证的固定格式刻在印章上，在做签证时，将印章盖在申请人护照或其他旅行证件的签证页上，并填写必要的内容，全部过程由手工操作。随着技术的进步，改用签证机代之，或用电脑按固定格式将签证的内容打印在护照上。

3. 贴纸式签证

贴纸式签证是将签证的内容按照固定的格式做在签证专用纸上，用不干胶将打印完成的签证贴在申请人的护照上。贴纸式签证通常是用计算机打印制作。美国的贴纸式签证还将申请人的照片扫描在签证纸上。加拿大的贴纸式签证上无申请人的照片，但附有防伪标记，并用塑封技术将此部分塑封。

学习笔记

4. 另纸签证

另纸签证指做在与护照或其他国际旅行证件分离的单页纸上的签证，是签证的一种特殊形式，必须与申请人所持的护照或其他国际旅行证件同时使用。另纸签证颁发的对象，不同国家有不同的规定。

5. 机读签证

机读签证指适用于机器阅读的签证。国际民航组织机读旅行证件咨询部在机读护照技术的基础上开发的一种用机器阅读和识别签证的技术。这种技术大大简化了国际旅行手续，缩短了通关时间。

6. 电子签证

一些国家还利用计算机网络和磁卡技术开发出“电子签证”或称“隐形签证”。澳大利亚和新加坡等国家已开始试用这种签证。

7. 个人签证与团体签证

个人签证指做在每个申请人的护照或其他国际旅行证件上的签证。团体签证是指做在一个团体名单上的签证。持用同一团体签证的人员必须随团一同入出境。

（四）申办签证

各国各地区对于不同种类签证办理所需的材料、流程、时间、方式都有所不同，有时还会根据近期申请签证的人数等情况时时调整政策。在计划旅行时，应浏览目的国驻华使领馆官方网站和中国领事服务网，了解签证要求，并根据行程提前申请并办妥签证。

申请签证前，根据各国各地区的不同要求，通常会需要申请人准备个人身份、工作、财产等的相关证件和证明材料，以及对于出境的目的、起止时间、目的地、行程等的证明材料。

递交申请的方式根据各国领事馆的相关规定、签证类别及申请人所属地区等方面的不同而有所区别，分为个人递交和代办递交两种方式。

有些国家在申办签证的过程中会要求当面签证，即请签证者本人到拟赴国家驻华使领馆，同签证官员当面办理签证手续。

在申请签证的过程中，对于所递交的证明材料一定要保证真实，切不可伪造材料，填报虚假信息，一旦被发现，不但会遭到拒签，更会影响今后出境及其他事项。

（五）持普通护照中国公民前往有关国家和地区入境便利待遇

部分国家和地区对于持有普通护照的中国公民入境可以享受免签或

学习笔记

落地签的便利待遇，截至2021年1月，具体情况如下。

1. 互免普通护照签证的国家（15个）

阿联酋、巴巴多斯、巴哈马、波黑、厄瓜多尔、斐济、格林纳达、毛里求斯、圣马力诺共和国、塞舌尔、塞尔维亚、汤加、白俄罗斯、卡塔尔、亚美尼亚。

2. 单方面允许中国公民免签入境国家或地区名单（18个）

亚洲（4个）：印度尼西亚、乌兹别克斯坦、韩国（济州岛等地）、阿曼。

欧洲（1个）：阿尔巴尼亚。

非洲（3个）：摩洛哥、法属留尼汪、突尼斯。

美洲（7个）：安提瓜和巴布达、海地、南乔治亚和南桑威奇群岛（英国海外领地）、圣基茨和尼维斯、特克斯和凯科斯群岛（英国海外领地）、牙买加、多米尼克。

大洋洲（3个）：美属北马里亚纳群岛（塞班岛等）、萨摩亚、法属波利尼西亚。

3. 单方面允许中国公民办理落地签证国家和地区名单（40个）

亚洲（19个）：阿塞拜疆、巴林、东帝汶、印度尼西亚、老挝、黎巴嫩、马尔代夫、缅甸、尼泊尔、斯里兰卡、泰国、土库曼斯坦、文莱、伊朗、约旦、越南、柬埔寨、孟加拉国、马来西亚（注：印度尼西亚同时实行免签和落地签政策）。

非洲（15个）：埃及、多哥、佛得角、加蓬、科摩罗、科特迪瓦、卢旺达、马达加斯加、马拉维、毛里塔尼亚、圣多美和普林西比、坦桑尼亚、乌干达、贝宁、津巴布韦。

美洲（2个）：圭亚那、圣赫勒拿（英国海外领地）。

大洋洲（4个）：帕劳、图瓦卢、瓦努阿图、巴布亚新几内亚。

三、出入境通行证的办理

中国内地公民出入境通行证的审批，依据《中华人民共和国护照法》《中华人民共和国出境入境管理法》《中国公民因私事往来香港地区或者澳门地区的暂行管理办法》《中国公民往来台湾地区管理办法》《中华人民共和国普通护照和出入境通行证签发管理办法》的相关规定。由国家移民管理局委托的县级以上地方人民政府公安机关出入境管理机构受理。

学习笔记

（一）申请条件

申请人从事边境贸易、边境旅游服务或参加经国务院或者国务院主管部门批准的边境旅游线路的，可以申请办理出入境通行证。对从事边境贸易的申请人，根据其需求，签发一年多次出入境有效或者三个月一次出入境有效的出入境通行证，并规定其从本省（自治区）边境地区的国家开放陆地口岸出入境；对从事替代种植、发展替代产业项目的申请人，根据其需求，签发一年多次出入境有效或者三个月一次出入境有效的出入境通行证，并规定其从本省（自治区）边境地区的国家开放陆地口岸，且经公安部出入境管理局确认的口岸和通道出入境；对从事边境旅游服务的申请人，根据其需求，签发一年多次出入境有效或者三个月一次出入境有效的出入境通行证，并规定其从边境旅游线路的限定口岸出入境；对参加经国务院或者国务院主管部门批准的边境旅游线路边境旅游的申请人，签发三个月一次出入境有效的出入境通行证，并规定其从边境旅游线路的限定口岸出入境。因国籍冲突或港澳居民来内地遗失港澳居民来往内地通行证的，可以申请办理出入境通行证。

（二）申请材料

（1）近期免冠照片一张以及填写完整的《中华人民共和国出入境通行证申请表（一）》（以下简称申请表）。

（2）居民身份证；在居民身份证领取、换领、补领期间，可以提交临时居民身份证。

（3）未满十六周岁的，还应当由其监护人陪同，提交其监护人出具的同意出境的意见、监护人的居民身份证或者户口簿、护照。

（4）国家工作人员还应当按照有关规定，提交本人所属工作单位或者上级主管单位按照人事管理权限审批后出具的同意出境的证明。

（5）从事边境贸易的，提交边境地区工商行政管理部门核发的营业执照。

（6）从事边境旅游服务的，提交本人导游证。

（7）因国籍冲突、港澳居民来内地遗失证件等情形需申请出入境通行证的，应提交有关证明材料。

（三）办理基本流程

（1）申请人向国家移民管理局委托的县级以上公安机关出入境管理机构提交申请材料。

（2）受理机构对符合申请条件，申请材料齐全且符合法定形式的，

学习笔记

向申请人出具《受理申请回执单》；对申请材料不齐全或者不符合法定形式的，一次性告知申请人需要补正的全部内容；对不属于本部门职责范围或不符合受理要求的，不予受理，并向申请人说明理由。

（3）审批机构进行审核，作出批准或者不予批准的决定。批准的，签发证件；不予批准的，审批机构向申请人出具《不予批准决定书》。

（4）申请人领取证件。

（四）办理时限

公安机关出入境管理机构应当自受理申请材料之日起15日内审批签发并制作出入境通行证。

公民因具有下列情形之一，可申请加急办理出入境通行证：出国奔丧、探望危重病人的；前往国入境许可或者签证有效期即将届满的；紧急出国出境参加会议谈判、签订合同；出国留学报到时间临近、行前证件遗失损毁；省级公安机关出入境管理机构认可的其他紧急事由。对具备上述加急事由的，公安机关出入境管理机构应当要求其提交相应材料，对批准的，应当在5个工作日内审批签发并制作出入境通行证。

在偏远地区或者交通不便的地区或者因特殊情况，公安机关出入境管理机构不能在15日内签发出入境通行证的，经省级公安机关出入境管理机构负责人批准，出入境通行证的签发时限可以延长至30日。

四、往来港澳通行证和签注的办理

中国内地公民往来港澳通行证和签注的审批，参照《中华人民共和国出境入境管理法》《中国公民因私事往来香港地区或者澳门地区的暂行管理办法》。由国家移民管理局委托的县级以上公安机关出入境管理部门办理。

（一）申请条件

内地居民可按需单独申领往来港澳通行证。依据不同事由须具备相应条件，其中与旅行相关的条件如下。

（1）团队旅游　参加国家旅游局指定旅行社组织的团队赴香港或者澳门旅游。

（2）个人旅游　开办个人赴港澳旅游业务城市的常住户口居民，或者符合国家移民管理局规定条件的非常住户口居民，申请个人赴香港或者澳门旅游。

学习笔记

（二）申请材料

1. 内地居民单独申请往来港澳通行证

（1）填写《中国公民出入境证件申请表》。

（2）提交符合《出入境证件相片照相指引》标准的申请人照片。

（3）交验申请人居民身份证原件，申请人未满16周岁，也可交验居民户口簿；军人应交验军人身份证明。上述身份证件须留存复印件或者电子扫描图片。

（4）按规定提交或者核验指纹信息。

军人、登记备案的国家工作人员，应当提交本人所属单位或者上级主管单位按照人事管理权限审批后出具的同意办理出入境证件的函。未实行按需申领护照地区的内地居民，还须按照有关规定出具相关证明材料。

2. 内地居民申请往来港澳签注

（1）填写《中国公民出入境证件申请表》。

（2）有效往来港澳通行证（同时申请往来港澳通行证的除外）。

（3）与申请事由相关的申请材料。

内地居民按照国家移民管理局有关规定在非常住户口所在地申请往来港澳签注的，还须提交符合在非常住户口所在地申请条件的证明。军人、登记备案的国家工作人员，应当提交本人所属单位或者上级主管单位按照人事管理权限审批后出具的同意办理出入境证件的函。未实行按需申领护照地区的内地居民，还须按照有关规定出具相关证明材料。

内地居民同时申请往来港澳通行证和签注的，无须重复提交相关材料。

（三）办理方式

内地居民申请往来港澳通行证和签注，须由本人向公安机关出入境管理部门提出申请，但有下列情形之一的，按照相应规定提交申请。

（1）未满16周岁人员申请往来港澳通行证的，由监护人或者监护人委托他人陪同申请。监护人应当提交监护证明（如出生证明、户口簿等）、居民身份证等身份证明并留存复印件；监护人委托他人陪同的，还须提交委托书以及陪同人的居民身份证等身份证明并留存复印件。

（2）已持有效往来港澳通行证，在原往来港澳通行证或者原签注申请受理部门申请签注的，可以委托他人代为申请。委托他人代为申请的，委托人须出具委托书，被委托人须交验本人居民身份证原件，并提

学习笔记

交复印件。申请人在港澳地区的，不得委托他人代为申请。

（3）已持有效往来港澳通行证，通过劳务经营公司组织赴香港或者澳门就业的，以及在港澳就业期间继续申请逗留签注的，可由劳务经营公司代为申请逗留签注。劳务经营公司须事先将公司印章、负责人签名向劳务经营公司所在地有关公安机关出入境管理部门备案。

（4）内地居民按照有关规定在香港或者澳门向深圳或者珠海签证办提出申请的，可通过香港或者澳门的中国旅行社提交有关申请材料。

（四）办理基本流程

（1）申请人向国家移民管理局委托的县级以上公安机关出入境管理部门提交申请材料并按规定采集指纹信息。

（2）受理机构对符合申请条件，申请材料齐全且符合法定形式的，向申请人出具《受理申请回执单》；对申请材料不齐全或者不符合法定形式的，一次性告知申请人需要补正的全部内容；对不属于本部门职责范围或不符合受理要求的，不予受理，并向申请人说明理由。

（3）审批机构进行审核，作出批准或者不予批准的决定，不予批准的，审批机构向申请人出具《不予批准决定书》。

（4）申请人领取证件。

（五）办理时限

公安机关出入境管理部门受理往来港澳通行证申请后，应当在7个工作日内予以签发；单独受理签注申请后，应当在7个工作日内予以签发。因所在地区交通不便或者因特殊情况，不能按期签发的，经省级公安机关出入境管理部门批准，签发时间可以延长至20个工作日。

按照国家移民管理局有关规定在非常住户口所在地申请往来港澳通行证、签注的，公安机关出入境管理部门应当在20日内予以签发。

（六）审批结果

1. 批准签发往来港澳通行证

往来港澳通行证的有效期分为5年和10年两种：有效期为5年的往来港澳通行证发给申请时未满16周岁的申请人；有效期为10年的往来港澳通行证发给申请时16周岁（含）以上的申请人。

2. 批准签发往来港澳签注

依据签注事由的不同有所区分，其中与旅行相关的签注如下。

（1）团队旅游签注（L）。

申请赴香港，可以签发3个月一次签注、3个月二次签注、1年一次签注、1年二次签注，每次在香港逗留不超过7天；属于国家移民管理局规定的特别情形的，可签发3个月一次签注，每次在香港逗留不超过3天。

申请赴澳门，可以签发3个月一次签注、1年一次签注，每次在澳门逗留不超过7天。

（2）个人旅游签注（G）。

申请赴香港，可以签发3个月一次签注、3个月二次签注、1年一次签注、1年二次签注，每次在香港逗留不超过7天；对经批准实施多次“个人游”试点政策的城市居民，符合国家移民管理局规定条件的，可按照有关规定签发1年多次签注，每次在香港逗留不超过7天。

申请赴澳门，可以签发3个月一次签注、1年一次签注，每次在澳门逗留不超过7天。

五、大陆居民往来台湾通行证和签注的办理

大陆居民往来台湾通行证和签注的审批，依据《中华人民共和国出境入境管理法》《中国公民往来台湾地区管理办法》。由国家移民管理局委托的县级以上公安机关出入境管理机构受理。

（一）申请条件

大陆居民可按需单独申领往来台湾通行证。

大陆居民同时申请往来台湾通行证和签注，或者持有效往来台湾通行证单独申请签注的，依据不同事由须具备相应条件，其中与旅游相关的具体如下。

（1）团队旅游　参加国家旅游局指定的有经营赴台游业务资质的旅行社组织的赴台湾团队旅游。

（2）个人旅游　开放赴台湾个人旅游城市的常住户口居民，或者符合国家移民管理局规定条件的非常住户口居民，申请赴台湾个人旅游。

（二）申请材料

1. 申请往来台湾通行证材料

（1）符合要求的申请表。

（2）符合《出入境证件相片照相指引》的申请人照片。

学习笔记

（3）申请人居民身份证原件。不满16周岁未办理居民身份证的可交验居民户口簿，现役的人民解放军军人、人民武装警察交验军人身份证明（军官证、士兵证或者警官证）。

（4）登记备案的国家工作人员、军人，应当提交本人所属单位或者上级主管单位按照干部管理权限出具的同意其办理出入境证件的函件，但持“赴台批件”申请赴台的除外。

（5）未满16周岁的申请人，还应交验监护关系证明（出生证明、户口簿等），交验监护人居民身份证原件；监护人委托他人陪同的，还须提交监护人委托书，交验被委托人的居民身份证原件。

2. 申请签注材料

同时申请往来台湾通行证和签注的，无须重复提交相关材料。

（1）符合要求的申请表。

（2）有效往来台湾通行证（同时申请往来台湾通行证和签注的除外）。

（3）与申请事由相关的证明材料。

（4）在非常住户口所在地申请前往台湾签注的，还须按照国家移民管理局有关规定，提交符合在非常住户口所在地申请条件的证明材料，但按规定向指定受理机构申请的情形除外。

（5）登记备案的国家工作人员、军人，应当提交本人所属单位或者上级主管单位按照干部管理权限出具的同意其办理出入境证件的函件，但持“赴台批件”申请赴台的除外。

（6）委托他人代为申请的，委托人应出具委托书，被委托人须交验本人居民身份证等身份证明原件；由单位代办的，应当提交单位公函，交验代办人居民身份证等身份证明原件。

（三）办理方式

大陆居民申请往来台湾通行证和签注应由本人提出申请，但符合下列情形之一的，可按相应规定提出申请。

（1）未满16周岁申请往来台湾通行证的，应当由监护人或监护人委托他人陪同申请。

（2）持有效往来台湾通行证，向原证件或原签注受理机构申请签注的（定居除外），可以委托他人代为申请。

（3）持有效往来台湾通行证申请应邀赴台签注，可由组团单位代为申请。

学习笔记

（4）执行两岸直航航运任务人员持有效往来台湾通行证申请乘务签注，可由所属公司代为申请。

（5）大陆居民赴台旅游组团社领队持有效往来台湾通行证申请团队旅游签注，可由组团社代为申请。

（6）大陆渔船船员从事对台近海渔工劳务作业，持有效往来台湾通行证申请签注，可由所属劳务合作企业代为申请。

（7）国家移民管理局规定可以代为申请的其他情形。

（四）办理基本流程

（1）申请人向国家移民管理局委托的县级以上公安机关出入境管理机构提交申请材料并按规定采集指纹信息。

（2）受理机构对符合申请条件，申请材料齐全且符合法定形式的，向申请人出具受理回执；对申请材料不齐全或者不符合法定形式的，一次性告知申请人需要补正的全部内容；对不属于本部门职责范围或不符合受理要求的，不予受理，并向申请人说明理由。

（3）审批机构进行审核，作出批准或者不予批准的决定。批准的，签发证件；不予批准的，审批机构向申请人出具《不予批准决定书》。

（4）申请人领取证件。

（五）办结时限

（1）公安出入境管理机构受理往来台湾通行证申请后，符合签发条件的应当在7个工作日内予以签发；单独受理前往台湾签注申请后，应当在7个工作日内予以签发。因所在地区交通不便等特殊情况，不能按期签发的，经省级公安机关出入境管理机构批准，签发时间可延长至20个工作日。

（2）按照国家移民管理局有关规定，大陆居民在非常住户口所在地申请往来台湾通行证、前往台湾签注的，公安机关出入境管理机构应当在20日内予以签发。

（3）大陆居民因奔丧、治疗紧急重症、探望危重病人、处理境外突发事件、出境参加紧急会议和谈判、签订合同及出国留学报到时间临近、行前证件遗失损毁或省级公安机关出入境管理机构认可的其他紧急事由急需申请往来台湾通行证和签注的，公安机关出入境管理机构应当按照急事急办原则，优先审批办理。

学习笔记

（六）审批结果

1. 批准签发往来台湾通行证

往来台湾通行证有效期分为10年和5年两种：有效期为10年的往来台湾通行证签发给已满16周岁的大陆居民，有效期为5年的往来台湾通行证签发给未满16周岁的大陆居民。

2. 批准签发签注

依据不同事由有所区分，其中与旅游相关的如下。

（1）团队旅游签注（L） 赴台团队旅游游客可签发6个月一次有效签注；赴台旅游组团社领队可签发最长1年且不超过领队证有效期的多次有效签注。

（2）个人旅游签注（G） 签发6个月一次有效签注。

中国公民出境游览前应充分考虑证件办理所需时间，适时制订旅行计划。导游工作者当面对游客咨询和服务时，也应提前予以告知，以免延误行程。

任务检测

小组任务：依据所学内容及查询相关网站，为去往以下不同国家和地区的中国公民提供出行前需准备的证件和办理手续所需材料及流程、时间的建议。

目的地国家 / 地区	所需证件及手续	办理时间	准备材料	其他建议
德国、意大利				
泰国				

任务2 出入境流程

任务导入

小琴带着团队赴欧洲旅行，临行前，她特意嘱咐游客们，要注意不要拍摄边检工作人员。入境时，要如实回答工作人员的提问，不要与其发生争执，如果有语言沟通不了，她就在附近，可以寻求帮助。

任务思考

学习笔记

1. 出入境都有哪些流程？
2. 还有哪些注意事项需要提示游客？

任务学习

一、出境流程

出境时通常都是在需要乘坐的航班所在机场等完成出境流程的。此时，首先应和乘坐该交通工具时的一般流程一样，进行值机、托运行李、换取登机牌、安全检查等流程，这部分内容在前序项目中有详细的介绍，不再赘述。这里主要是介绍和出境相关的流程安排，主要包括边防检查和海关检查两个部分。

（一）边防检查

边防检查是出境检查的第一道程序。边防检查的内容主要是查验护照等出境证件手续及出境登记卡。从2007年10月1日起，包括内地居民、台湾居民及华侨在内的所有中国公民从国内出入境时都不再需要填写边防检查出入境登记卡。出入境人员需持相关证件手续到边防检查窗口排队等待，要注意区分持有本国护照和外国人护照等不同证件核验的窗口。

中华人民共和国因私普通电子护照于2012年5月15日起开始全国启用，原有旧版普通护照仍可以继续使用无须更换。电子往来港澳通行证和往来台湾通行证分别于2014年9月15日和2016年12月20日开始正式使用，目前旧版通行证都已过期。目前持有中华人民共和国电子护照、电子往来港澳通行证及往来台湾通行证的中国大陆居民出入境人员在配有相关设施的边检站可自助通关。

1. 人工检查流程

如果中国大陆公民出入境时持有的是旧版护照或携带较大、较多行李，则建议仍然选人工窗口通过检查，流程及注意事项如下。

（1）排队等候　在此期间要避免大声喧哗、随意插队，切忌不要拍摄边防检查工作人员。同时，还应注意按照地面黄线提示与正在接受检查人员之间保持1米以上的距离。

（2）递交手续　应提前将护照（或其他出境证件）及所乘交通方式的票证（如登机牌）、出境登记卡准备好。听从工作人员指示，当前一

学习笔记

位通过检查窗口后，将上述手续递交给边防检查工作人员。这期间，应注意礼貌问候、应答、递送。

（3）配合核对　边防检查人员需对证件进行扫描，并要求受检者面向摄像头进行身份核对。这时，应依照工作人员指示予以配合，并摘掉帽子、口罩、墨镜等遮挡面部特征的配饰。

（4）接受询问　有时，边防工作人员还会对个人信息、出入境行程等事宜进行询问。作为受检者应礼貌应答，如实陈述情况，切勿虚报瞒报。

（5）完成核验　通常，在询问过后，工作人员会将出境信息输入系统，同时在护照（或其他出境证件）对应签证页上盖上带有日期标注的出境边防检查印章，再将所有手续交还受检者，整个核验过程结束。受检者应礼貌回应，接过工作人员递送的证件等手续，快速通过通道进行接下来的安全检查。

2. 自助检查流程

持有新版电子护照及其他可以自助通关证件的中国公民出入中国国境时，可在设有自助通关设施的检查站自助通过，需要注意的是怀抱婴儿的、携带大件行李的只能选择人工检查窗口。年满7周岁，且身高达到1.2米的小朋友，必须在办理出入境证件时，同时成功采集指纹，就可以自助通关。具体流程及注意事项如下。

（1）排队等候　明确证件类别后，可在指定通道排队等候，排队等候期间应提前准备好所需证件和手续，不要大声喧哗、推搡插队，同时按照地面黄线示意与受检者保持1米以上距离。

（2）证件信息采集　进入检查通道后，要注意不要尾随他人。如果是乘坐飞机等交通工具出境，需先将登机牌等票据进行扫描，扫描成功后会有滴声提示，电子屏显示扫描成功，取回登机牌，进行下一步；将出入境证件按要求放置在证件阅读区域，待通道前屏显示“请取回证件”时，通道第一道闸门开启。

（3）生物信息采集　在第二道门前，将申领电子护照时或在边检执勤现场进行证件信息备案时采集指纹的手指（通常为大拇指）置于指纹采集仪进行指纹比对。同时面向摄像头获取面相照片进行人像比对。

采集指纹时，应避免手指太潮湿、太干燥，上述情况以及指纹有破损、指面有脱皮等现象都可能会影响到采集效果。有些年长旅客也会出现指纹不清晰的情况，此时可向工作人员寻求帮助。人像比对时，要摘掉帽子、墨镜、口罩等遮挡物，也要避免头发遮住面部，同时要以正脸面向摄像头，不要做鬼脸等怪异表情，姿态与采集头像相差太多也会影响比对结果。

生物信息采集比对合格后，会自动开启第二道闸门，自助通关检查完毕。

如果在自助通关的过程中有任何问题，应及时与工作人员沟通，切不可跨越甚至暴力推开闸机。自助通关只能一次一人，如遇有尾随人员进入通道，应立即向边检执勤人员报告。

（二）海关检查

出入境时，各国海关对携带物品管理规定不尽相同。在出境前应了解相关规定，主动申报。

在我国《海关总署公告2007年第72号》中，自2008年2月1日起，在全国各对外开放口岸实行进出境旅客申报制度，主要分为以下几种情况。

1. 无申报

进出境旅客没有携带应向海关申报物品的，无须填写《中华人民共和国海关进出境旅客行李物品申报单》，选择“无申报通道”（又称“绿色通道”）通关。

2. 填写申报单

除海关免于监管的人员以及随同成人旅行的16周岁以下旅客以外，进出境旅客携带有应向海关申报物品的，须填写《申报单》，向海关书面申报，并选择“申报通道”（又称“红色通道”）通关。《申报单》式样如图4–3所示，上面标注有需要申报的物品及不可携带物品的范畴。

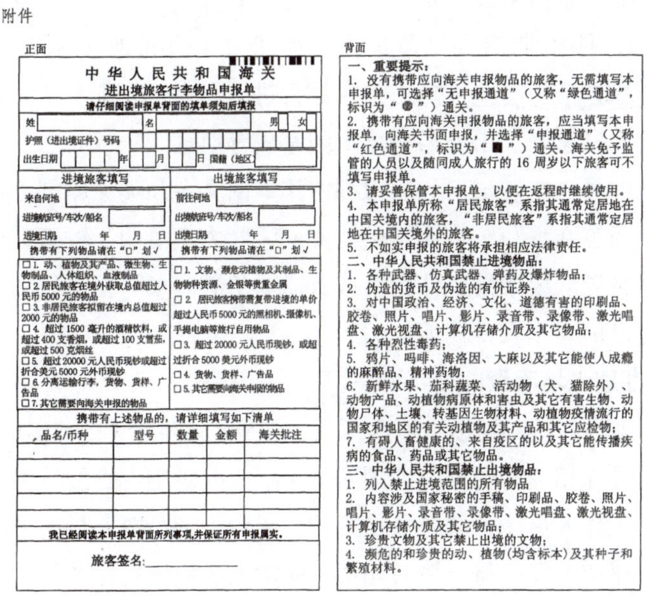

附件

正面

中华人民共和国海关
进出境旅客行李物品申报单

请仔细阅读申报单背面的填单须知后填报

姓　名　男　女

护照（进出境证件）号码

出生日期　年　月　日　国籍（地区）

进境旅客填写	出境旅客填写
来自何地	前往何地
进境航班号/车次/船名	出境航班号/车次/船名
进境日期　年　月　日	出境日期　年　月　日
携带有下列物品请在“□”划√	携带有下列物品请在“□”划√
□1. 动、植物及其产品、微生物、生物制品、人体组织、血液制品 □2. 居民旅客在境外获取总值超过人民币5000元的物品 □3. 非居民旅客拟留在境内总值超过2000元的物品 □4. 超过1500毫升的酒精饮料，或超过400支香烟，或超过100支雪茄，或超过500克烟丝 □5. 超过20000元人民币现钞或超过折合美元5000元外币现钞 □6. 分离运输行李，货物、货样、广告品 □7. 其它需要向海关申报的物品	□1. 文物、濒危动植物及其制品、生物物种资源、金银等贵重金属 □2. 居民旅客携带需复带进境的单价超过人民币5000元的照相机、摄像机、手提电脑等旅行自用物品 □3. 超过20000元人民币现钞，或超过折合5000美元外币现钞 □4. 货物、货样、广告品 □5. 其它需要向海关申报的物品

携带有上述物品的，请详细填写如下清单

品名/币种	型号	数量	金额	海关批注

我已经阅读本申报单背面所列事项，并保证所有申报属实。

旅客签名：__________

背面

一、重要提示：

1. 没有携带应向海关申报物品的旅客，无需填写本申报单，可选择“无申报通道”（又称“绿色通道”，标识为“●”）通关。

2. 携带有应向海关申报物品的旅客，应当填写本申报单，向海关书面申报，并选择“申报通道”（又称“红色通道”，标识为“■”）通关。海关免予监管的人员以及随同成人旅行的16周岁以下旅客可不填写申报单。

3. 请妥善保管本申报单，以便在返程时继续使用。

4. 本申报单所称“居民旅客”系指其通常定居地在中国关境内的旅客，“非居民旅客”系指其通常定居地在中国关境外的旅客。

5. 不如实申报的旅客将承担相应法律责任。

二、中华人民共和国禁止进境物品：

1. 各种武器、仿真武器、弹药及爆炸物品；

2. 伪造的货币及伪造的有价证券；

3. 对中国政治、经济、文化、道德有害的印刷品、胶卷、照片、唱片、影片、录音带、录像带、激光唱盘、激光视盘、计算机存储介质及其它物品；

4. 各种烈性毒药；

5. 鸦片、吗啡、海洛因、大麻以及其它能使人成瘾的麻醉品、精神药物；

6. 新鲜水果、茄科蔬菜、活动物（犬、猫除外）、动物产品、动植物病原体和害虫及其它有害生物、动物尸体、土壤、转基因生物材料、动植物疫情流行的国家和地区的有关动植物及其产品和其它应检物；

7. 有碍人畜健康的、来自疫区的以及其它能传播疾病的食品、药品或其它物品。

三、中华人民共和国禁止出境物品：

1. 列入禁止进境范围的所有物品

2. 内容涉及国家秘密的手稿、印刷品、胶卷、照片、唱片、影片、录音带、录像带、激光唱盘、激光视盘、计算机存储介质及其它物品；

3. 珍贵文物及其它禁止出境的文物；

4. 濒危的和珍贵的动、植物（均含标本）及其种子和繁殖材料。

图4–3 《中华人民共和国海关进出境旅客行李物品申报单》式样

学习笔记

应提醒游客按照规定如实填写申报，违反海关规定，逃避海关监管，携带国家禁止、限制进出境或者依法应当缴纳税款的货物、物品进出境的，海关将依据《中华人民共和国海关法》和《中华人民共和国海关行政处罚实施条例》予以处罚。

除此之外，在疫情期间，中华人民共和国海关总署在全国口岸重新启动了出入境人员填写《中华人民共和国出/入境健康申明卡》进行健康申报的制度。出入境人员必须向海关卫生检疫部门进行健康申报，并配合做好体温监测、医学巡查、医学排查等卫生检疫工作。

二、入境流程

入境的一般流程，指的是外国人从走出交通工具接受入境检查到走出海关正式进入国境所应该履行的程序。

（一）边防检查

与出境时相似，乘坐交通工具到达后，应沿着“到达（ARRIVALS）”指示进入入境大厅接受边防检查。

1. 填写《入境登记卡》

通常入境时，尤其作为外国人身份入境他国时，需填写《入境登记卡》，并在边防检查时出示上交。

入境登记卡上需要填写的内容通常包括：姓名、性别、出生日期、国籍、职业、护照号码、发照日期、有效期至、发照机关、发照地点、入境目的、停留期限、停留地点、航班号（或其他交通工具班次情况）、过去是否进入过（或几年内是否进入过）、如进入过为第几次入境、从哪个国家来、出境后到哪个国家去等信息。

各国的《入境登记卡》通常都使用本国文字和英文印刷，可使用前往国文字或英文填写。本人不懂英文或无能力填写的，可请其他人帮助填写，通常领队要帮助全体游客或有需要的游客填写，最后请游客用中文签上自己的名字和日期即可。

2. 办理入境手续

（1）排队等候　到达入境大厅后，找到“入境处（IMMIGRATION）”指示牌，并在相关柜台排队办理入境手续。办理柜台一般分为本国人、外国人、工作人员（含乘务员）三种，柜台上方会有明显的显示指示。

（2）递交手续　与出境时相似，入境人员应把自己的护照、入境登记卡等相关文件准备好递交给检察官。检察官有时还会进行简单的询问，

学习笔记

这时作为领队应注意适时的为语言沟通不畅的团队成员提供帮助。检察官核对无误后，会在入境人员的护照上加盖入境章并将护照予以退还。

（3）通过边检　领队应当确认团队成员是否全部完成入境边防检查，叮嘱游客保管好出入境的相关证件，指引游客去往行李提取处。

（二）行李提取

办完入境边检手续后，领队可以引导游客到“行李大厅（LUGGAGE）”提取自己的行李。各国机场的行李大厅，一般都设有电视屏幕指示牌，指示牌会不断地闪显某航班号从何处起飞抵达本站的，并在哪个编号的行李输送带处提取行李。

应提醒游客在找到行李输送带后再辨认自己的行李，把自己的行李从行李输送带上取下后一定要再确认，无误后才可拿走。如发现认领错了，要将行李送回到输送带上，不要扔在地上不管。

多数机场都有大量手推车供旅客免费使用，但有的机场手推车很少，也有的是收费的，没有零钱是不能使用的，可提前告知游客。

领队要提醒游客在行李托运之前用打包带捆绑结实，但如果出现有游客托运的行李因被盗、错装等原因而无法领到的情况，应立即帮助游客持行李领取证（claim tag）和机票向机场工作人员或航空公司职员说明情况，并办理有关赔偿手续。托运行李的丢失和损坏，由航空公司负责赔付。

（三）海关检查

与出境时相似，各国对于入境人员的行李物品有各自的规定。作为领队要事先清楚了解所入境国家和地区的相关海关出入境行李物品的携带及申报规定，以便在出行前提醒游客，同时在面临海关检查时帮助游客申报通过。切记要严格遵守各国各地区的海关规定，如实填写申报单，切不可抱有侥幸心理，出现违规现象，被查出后不但会面临处罚，也有损国人形象，延误旅程。

任务检测

复述出入境的流程。

学习笔记

项目小结

对于从事领队工作的旅游接待人员来说，了解出入境的相关规定和注意事项是引导游客文明旅游的必备知识。在本项目中，主要针对出入境过程中需要办理的相关手续及流程和其中的礼仪礼节的注意事项进行了介绍。

项目练习

扫描二维码检测项目学习情况。

参考文献

[1] 白丽香. 现代职业礼仪[M]. 北京：中国铁道出版社，2014.

[2] 伊丽莎白·波斯特. 西方礼仪集萃[M]. 北京：三联书店，1991.

[3] 金正昆. 社交礼仪教程[M]. 北京：中国人民大学出版社，2009.

[4] 魏小安. 旅游接待礼仪[M]. 北京：中国人民大学出版社，2006.

[5] 彭林. 中华传统礼仪概要[M]. 北京：高等教育出版社，2006.

[6] 陈弘美. 用刀叉吃出高雅——西餐礼仪[M]. 北京：三联书店，2012.

[7] G·布鲁斯·博耶. 风格不朽　绅士着装的历史与守则[M]. 邓悦现，译. 重庆：重庆大学出版社，2017.

[8] 金正昆. 国际礼仪[M]. 北京：北京大学出版社，2005.

[9] 孔永生. 导游细微服务[M]. 北京：中国旅游出版社，2007.

[10] 金正昆. 服务礼仪教程[M]. 北京：中国人民大学出版社，1998.

[11] 张素梅. 导游实务[M]. 北京：北京交通大学出版社，2010.

[12] 秦跃. 职业教育活页式教材开发指导手册[M]. 上海：华东师范大学出版社，2020.

[13] 刘瑞璞，陈果. 绅士着装圣经5 西装[M]. 北京：中国纺织出版社，2015.